Padres Aseguran que Sus Hijos Sean Estudiantes Exitosos

El logro académico se hace más fácil al trabajar juntos

Segunda edición

John R. Ban

Solution Tree

(antes llamado National Educational Service)
304 West Kirkwood Avenue
Bloomington, Indiana 47404
(800) 733-6786 (llamada gratis) / (812) 336-7700
FAX: (812) 336-7790
correo electrónico: info@solution-tree.com
www.solution-tree.com

Diseño de la cubierta por Grannan Graphic Design Ltd.
Diseño y composicion del texto por T.G. Design Group

Traducción del ingles por Berta Bermúdez

Impreso en los Estados Unidos de América

ISBN 1-879639-84-X

INDICE

PREFACIO

No existe un llamado más urgente en América que la educación de los niños. La razón para ello es obvia. Los niños son los que determinarán cómo será este país en el futuro y la calidad de vida que tendrán sus ciudadanos. Por ello la responsabilidad de que los niños puedan leer, escribir y resolver problemas de una manera inteligente no recae sólo en las escuelas. Es un deber que les corresponde a todos, sobre todo a los padres como principales responsables del cuidado del niño. El llamado a los padres para que se involucren en el aprendizaje de sus hijos se hace cada vez más fuerte. Este imperativo ha captado la atención del país, cobrando un sentido de urgencia.

Este manual trata de la responsabilidad educativa de los padres de familia. Aunque existen numerosos libros que aconsejan a los padres sobre su función de educadores en la casa, este manual le da otro giro a la cuestión al formular un método sistematizado y fácil de seguir para llevar a cabo esa tarea. La sencillez, la organización y la vitalidad que se desprenden del libro comprenden su mayor fuerza. En resumen, este manual es una guía de auto-asistencia para la familia. Es un llamado de clarín para que los padres de familia entren de lleno a formar parte del aprendizaje de sus hijos. Más importante aún, les muestra cómo hacerlo.

El doctor Ban ha sustraído del mosaico de ideas sobre las destrezas del aprendizaje aquéllas que se les puede enseñar fácilmente a los padres para que éstos las apliquen en sus casas. El doctor Ban ha utilizado estas ideas con padres en varios sistemas escolares en áreas urbanas. La clave que sigue para ensanchar el papel de los padres en el salón de clase es simple: entrenar a los padres en las destrezas de estudio para así mejorar las habilidades de estudio de sus hijos.

El mensaje más importante del libro es que los padres hacen una diferencia. El doctor Ban ha hecho una labor maestra de recalcar este punto. La necesidad de que los padres se involucren en la educación de los hijos es crítica hoy en día porque todo lo que ahora se conoce sobre la enseñanza y el aprendizaje indica que los padres son los primeros maestros. Esto es particularmente cierto en una era en que se observa la disolución de la estructura familiar. El futuro se perfila triste si no se logra que los padres vuelvan a formar parte de la empresa que comprende la enseñanza y el aprendizaje.

Yo apoyo este libro porque pienso utilizarlo como guía al trabajar, no tan sólo con familias que actualmente necesitan ayuda adicional, sino también con familias que puedan necesitar ayuda adicional en el futuro. El doctor Ban ha creado el mejor recurso que yo he visto en lo que se refiere a literatura sobre lo que pueden hacer los padres para ayudar a sus hijos a tener éxito.

— Dr. Norman D. Comer
Former Superintendent of Schools
(Antiguo superintendente de escuelas)
School City of East Chicago
East Chicago, Indiana

PREFACIO A LA SEGUNDA EDICION

La segunda edición de *Parents Assuring Student Success* o *Padres Aseguran que Sus hijos Sean estudiantes exitosos* (PASS) incluye un material nuevo que enriquece el texto y que le brinda a los padres un entendimiento aún más profundo sobre su papel como "maestros de la casa." La meta de esta edición, al igual que de la primera, es ofrecerles a los padres una fuerte base de información y mostrarles cómo utilizar una gran variedad de estrategias para mejorar las destrezas de estudio de sus hijos.

Aunque algunas destrezas de estudio resisten el paso del tiempo, necesitando poco o ningún cambio, otras requieren ser refinadas dado los avances en la investigación y la tecnología. La segunda edición incluye más ejercicios interactivos para los padres, así como nuevos consejos de padres y maestros y una sección sobre computadoras. Ha sido necesario incluir la sección sobre computadoras porque ya no es posible desvincular las destrezas de estudio de los avances tecnológicos del mundo actual. Las computadoras han asumido una función poderosa en el proceso de aprendizaje.

Muchos padres se han beneficiado de las lecciones incluídas en la primera edición de PASS. No todas las recomendaciones de un manual, cualquiera que éste sea, funciona para todos. Siempre pueden surgir obstáculos para la implementación en casa de un bien intencionado consejo. Los expertos no son los únicos que tienen buenas ideas. Los padres pueden inventar por sí mismos ejercicios que funcionen mejor para sus hijos. Es por eso que este manual exhorta a los padres a que prueben y experimenten con diferentes ejercicios de práctica, adaptándolos según las necesidades de sus hijos.

Ninguna publicación sobre cómo educar y criar a los hijos tiene todas las soluciones. Por lo tanto, los padres no deben sentirse desanimados si ciertas prácticas en el manual no funcionan al ser implementadas en casa por primera vez. No se dé por vencido y podrá ver los resultados en poco tiempo. Asimismo, hable con otros padres para saber lo que ellos hicieron para poder sacarle provecho al potencial de estudio de sus hijos. Se puede aprender mucho del conocimiento de otros padres. Del mismo modo, integre lo que le digan los maestros, ministros, trabajadores en programas de servicio para jóvenes y especialistas en materia de vida familiar mientras usted mismo se prepara para convertirse en discípulo de las destrezas de estudio. No se dé por vencido. Haga de esta tarea su grito de guerra.

Cada capítulo de esta edición está organizado en base a un sencillo formato que es muy fácil de seguir. PASS continúa enfocándose en el trabajo diligente entre padres e hijos para desarrollar destrezas de estudio esenciales para el aprendizaje.

Una nueva adición al libro es el formulario evaluativo que se incluye al final. El tener la oportunidad de evaluar el programa les permite a los padres llegar a sus propias conclusiones sobre la utilidad que ha tenido para ellos el manual. Los padres pueden trabajar conjuntamente para evaluar los temas presentados en los talleres. El trabajo en grupos puede resultar una experiencia de aprendizaje valiosa para todos los padres, pero también se puede hacer la evaluación individualmente. Los líderes de los talleres para padres no están sujetos a seguir el formulario evaluativo, sino que están en libertad de diseñar y seguir un formulario evaluativo propio.

LA HISTORIA DE PASS

Las siglas de PASS se refieren a *Padres Aseguran que Sus Hijos Sean Estudiantes Exitosos*. Las siglas en inglés significan sendero a través de un terreno dificultoso que marca el camino a una destinación particular. PASS les muestra a los padres el camino hacia el mejoramiento de la educación de sus hijos.

PASS es el producto de tres años de diálogo con padres y educadores. Ha sido utilizado en un sistema escolar urbano en Northwest Indiana (noroeste de Indiana) con un numeroso grupo de familias que necesitaban ayuda adicional. Este distrito posee una fe perdurable en el valor de la educación de los padres y estaba dispuesto a dedicar recursos para un programa que enfoca la causa, no tan sólo los síntomas, de un pobre rendimiento en el aprendizaje escolar: la casa.

Le propuse al superintendente escolar trabajar con las familias del distrito y entrenarlas para enseñarles a sus hijos las destrezas de estudio. El director concertó una reunión con los directores de escuelas primarias y con los administradores de la oficina central para examinar el programa PASS. Después de una considerable discusión, aprobaron el programa con entusiasmo.

El siguiente paso fue presentar el programa PASS a un diverso grupo evaluativo compuesto por padres de familia que fue reunido por la administración escolar. Este grupo de padres estudió y evaluó el libro durante el invierno y la primavera. Con su endoso, los miembros de este comité de padres para PASS desarrollaron muchos detalles relacionados al programa tales como la publicidad, la selección de sitios para talleres, el día y la hora, asistencia de los padres, transportación, cuidado de niños, hospitalidad y presupuesto.

Cuando el proceso de organización concluyó, PASS fue enviado al consejo del distrito escolar, que unánimemente aprobó el programa.

Desde sus comienzos, PASS ha sido moldeado por los padres. La administración generosamente proveyó recursos y palabras de exhortación para proseguir con este proyecto educativo para padres. Un admisitrador de la oficina central fue designado para servir de mediador entre la escuela y los padres y al mismo tiempo actuar como facilitador para asegurar que todo marchara sin contratiempos. Fueron los padres, sin embargo, los que constituyeron el baluarte del programa. Fueron ellos los que llevaron a cabo el trabajo arduo de planear, asesorar y atender a las necesidades de los padres. De este modo, mantuvieron un control substancial del programa. El amor a los niños fue la fuerza motriz de su trabajo.

Yo diseñé el programa de estudio de PASS, procurando la planificación por parte de los padres, y fui el instructor de los talleres, que se llevaron a cabo cada dos semanas. Muchas de las ideas para este programa fueron incorporadas de la montaña de consejos erigida por los expertos en destrezas de estudio. Tengo con todos ellos una deuda de gratitud.

El esfuerzo para aumentar la participación de los padres en el aprendizaje de sus hijos en el salón de clases resultó ser exitoso. Esta información estuvo basada en la evaluación de las respuestas y reacciones de los padres a las destrezas de estudio aprendidas en los talleres e implementadas más tarde en la casa. El impacto más notable de PASS fue el cambio que sucedió en la actitud de los padres. Claramente evidente fue la resolución imperturbable de los padres de ejercer una mayor responsabilidad en el aprendizaje de sus hijos. Es esto precisamente lo que se necesita para avivar la llama del interés para efectuar un cambio. Es mi esperanza que esta llama se extienda rápidamente por el terreno árido de lo que es la educación en los Estados Unidos.

—John R. Ban

INTRODUCCION

LA PRIMERA MAESTRA, EL PRIMER SALON DE CLASES

El clamor de que nuestros estudiantes salgan mejor en la escuela se hace más alto cada día. La pregunta clave a la que se enfrenta este país es quién debe tomar la iniciativa para asegurar que esto suceda. Algunos dicen que es una tarea del gobierno federal y otros en cambio la señalan como una tarea correspondiente a los estados. Aún otros insisten en que lograr el buen rendimiento de los estudiantes es la tarea de la escuela. La realidad es que la tarea nos corresponde a todos, particularmente a la familia.

La educación es el tesoro más perdurable de nuestra nación. Es ésta la razón por la cual todos desean un sistema educativo que funcione para todos. Por ello el público se siente injuriado ante la falta de conocimiento de parte de miles de estudiantes. Por otro lado, casi todo el mundo tiene una opinión sobre la manera de solucionar este problema. Por ejemplo, un intento de resolver el problema ha sido las distribuciones masivas de fondos. Sólamente a través del programa del gobierno federal conocido como "Title I" (Título I) se han distribuido 118 miles de millones de dólares a escuelas de barrios pobres en las últimas dos décadas. A pesar de esto el rendimiento des, los niños en esas escuelas sigue siendo académico bajo.

A nivel estatal, los legisladores han tratado de movilizar las escuelas locales de varias maneras. A partir de 1999 todos los estados, con excepción de Nebraska y Iowa, han ordenado una examen estatal del progreso académico estudiantil. Este extenso proceso de examinación tiene el propósito de medir lo que los niños van aprendiendo en la escuela. Para el desconcierto de muchos el porcentaje de estudiantes que fracasan en estos exámenes continúa siendo alto.

El fracaso escolar está ligado al fracaso en la casa. Con frecuencia los padres están más involucrados en sus propias vidas que en la de sus hijos. El resultado de que los padres no cumplan con su deber es frecuentemente el pobre rendimiento académico del estudiante. Si todos los padres se empeñaran en ayudar a sus hijos a desarrollar destrezas para tener éxito en la escuela, el problema de un rendimiento académico por debajo del promedio desaparecería.

A las malas nuevas de que los estudiantes no están aprendiendo lo suficiente en este país, se contraponen las buenas nuevas de que en la casa se encuentra la clave para convertir el fracaso escolar en éxito. El proceso comienza con dos preguntas por parte de los padres: "¿Qué está pasando en la escuela de mi hijo?" y "¿Hay algo que yo pueda hacer para ayudar a los maestros con la enorme tarea de educar a mi hijo?"

Las respuestas a estas preguntas se dan a continuación.

Este manual muestra el camino hacia una mayor participación familiar en la educación de los niños, tratando con ello de crear un acercamiento entre la casa y la escuela y entre los padres y los hijos. Casi todos creen que es ésta la conexión que va a llevar a un mejoramiento en el desempeño estudiantil en las clases.

Los padres son los primeros maestros de los niños y la casa es su primer salón de clases. Aunque la escuela es una parte importante de la vida de un niño, los niños pasan menos de una tercera parte de su vpida allí. Por eso la influencia de la escuela es limitada, lo cual no es cierto en relación a la casa. La casa, que representa el nido de descanso del niño, tiene una influencia que alcanza hasta muy le jos. Los padres tienen la mayor influencia sobre el niño durante sus años formativos, cuando los hábitos de estudio y las actitudes se desarrollan.

La mayoría de los expertos en materia de vida familiar sostienen que la mejor manera de enseñarles a los niños el amor por aprender cuando están creciendo es que los padres se conviertan ellos mismos en aprendices. Los padres deben tratar de inculcarles a sus hijos la pasión por aprender acerca del mundo, de ellos mismos y de los demás. El auto-descubrimiento es una herramienta educativa poderosa.

Ya que los padres tienen el control al comienzo del aprendizaje del niño, están en la mejor posición de motivar a sus hijos a tener éxito en la escuela. Obviamente los padres son la llave para mejorar la educación en Norteamérica dándole una mano a los maestros.

Una manera eficaz en que los padres pueden ayudar a los maestros a mejorar los logros académicos del estudiante es convirtiéndose en facilitadores en el proceso del aprendizaje. Esto no significa que los padres tengan que convertirse en expertos en lectura, en matemáticas, en ciencias naturales o ciencias sociales para ayudar a sus hijos a obtener notas más altas en la escuela. Lo que quiere decir es que los padres tienen que aprender algunas técnicas básicas para mejorar los hábitos de estudio de sus hijos. Estas son técnicas que todos los padres pueden aprender, ya que no requieren de una preparación especial ni un largo período de entrenamiento.

La mayoría de los padres desean que sus hijos se desempeñen mejor en la escuela. El problema radica es no saber cómo lograrlo, ya que no poseen las destrezas y el conocimiento para poder prestar su ayuda. Para corregir esta carencia los padres no sólo deben asumir el papel de "maestro casero" sino que deben además tener un entrenamiento que los prepare para ello. Este manual ofrece dicho programa de entrenamiento.

PASS tiene que ver con la colaboración, empleando el talento y la energía de los padres para ayudar a los educadores a alzar el estándar educativo para todos los niños. El tema prevalente del manual es el papel central que desempeña el hogar para mejorar el rendimiento del alumno. Este tema va a la par con la tendencia nacional de acrecentar la participación de la familia en todas las fases del aprendizaje del niño, haciendo de los padres el eje central del movimiento de reforma educativa.

En el proceso educativo de un niño se suele hablar de "momentos propicios a la enseñanza." Estos son momentos en que los niños están más receptivos para aprender. Los maestros están al tanto de esto. Los padres también deberían estarlo. Los padres deben destinar algún tiempo de su rutina diaria para estos momentos de receptividad durante el crecimiento del niño. Esto hará posible que los padres participen en la vida de sus hijos, que mantengan un contacto con ellos, que les hablen más y los sermoneen menos, que los enseñen a ser buenos estudiantes y les demuestren que verdaderamente se preocupan por ellos. Todo esto aumentará considerablemente las probabilidades de que los niños obtengan mejores notas en la escuela.

¿Cuándo se presentan estos momentos propicios a la enseñanza? Ocurren casi todo el tiempo. Lo que necesitan hacer los padres es simplemente tener acceso al mundo de sus hijos y mantenerse en contacto, particularmente durante los años en que los niños asisten a la escuela. Los padres pueden enseñarles a sus hijos las destrezas de estudio a medida que ellos las van aprendiendo. Esto pueden hacerlo mientras viajan en carro, durante la cena, mientras miran la televisión juntos, en reuniones de semanales familia, cuando los niños hagan preguntas o cuando estén relajados o preocupados por algo. Lo que se debe enseñar en estos valiosos momentos es de lo que trata este manual.

Este manual consiste en dos partes principales. La primera parte les enseña a los padres a convertirse en un aprendiz eficiente. Esta parte se centra en las destrezas de estudio, incluyendo las reglas y características de estrategias de aprendizaje bien reconocidas. Dichas estrategias están relacionadas con el rendimiento exitoso en la escuela.

La segunda parte del manual les ofrece la oportunidad a los padres de adquirir destrezas para enseñar y reforzar importantes hábitos de estudio en casa. Estas son destrezas que las personas pueden aprender fácilmente a sola o en grupos. Además, estas destrezas se pueden practicar con los niños en el ambiente familiar del hogar.

Se deben enseñar las destrezas de estudio a los niños mientras éstos son pequeños, ya que lo que se hace a temprana edad con los niños los afecta más tarde en la escuela. El saber cómo estudiar le ofrecerá al niño la habilidad para tener éxito en la escuela y lo ayudará a sentirse bien consigo mismo. Las destrezas de estudio les crea una disciplina a los niños para aprender. Cuando los estudiantes son disciplinados en el aprendizaje, el trabajo escolar irá mejorando a través de sus años formativos.

Normalmente, las destrezas de estudio comprenden la lectura, la escritura, las tareas escolares, el manejo y distribución del tiempo, cómo tomar apuntes y cosas por el estilo. Son hábitos de studio que facilitan el aprendizaje. Herman Ohme, un experto en métodos de estudio, define las destrezas de estudio como modos eficientes de usar el tiempo y la mente.

La meta que se procura alcanzar a través de las destrezas de estudios es producir un aprendiz independiente, que pueda aprender por sí mismo y desenvolverse bien en la escuela y fuera de ella. Las destrezas de estudio forman la base del éxito y es por eso que son importantes para el niño.

A pesar de que se supone que los maestros deben enseñarles las destrezas de estudio a los niños, sólo algunos lo hacen. Las razones son la falta de tiempo, el gran número de estudiantes en las clases, la preocupación por cubrir el material y el hecho de que la mayoría de los maestros no fueron entrenados para impartir destrezas de estudio. Como consecuencia de esto muchos maestros no les prestan atención a los estudiantes que carecen de buenos hábitos de estudio. Los padres usualmente no se ocupan de enseñar destrezas de estudio, sino que tienden a ser espectadores en estos asuntos. La mayoría de los padres se sienten satisfechos de dejar la educación de sus hijos en manos de los maestros y se limitan a la tarea de observadores. Sin embargo, esta actitud está cambiando al adqurirse una mayor conciencia del potencial educativo que representa el hogar. Ahora se les exige más a los padres.

Es tiempo de dirigir la atención hacia el papel que desempeñan los padres en la educación de los niños cuando se discute sobre el mejoramiento de la instruccion. Como mínimo, los padres deben enseñarles a sus hijos cómo estudiar. No existe un medio más poderoso que éste para mejorar la educación en Norteamérica.

El programa *Padres Aseguran que Sus Hijos Sean Estudiantes Exitosos* muestra cómo utilizar al máximo la energía de los padres para ayudar a los maestros a fomentar el aprendizaje en la casa. PASS es un programa para el desarrollo de destrezas con alcances de largo plazo y accesible a los padres. Su principal objetivo es entrenar a los padres para que, trabajando en casa con sus hijos, les inculquen las destrezas de estudio que son universalmente reconocidas como el eslabón determinante del éxito escolar. El poseer destrezas de estudio eficaces mejora el rendimiento del alumno en las artes linguísticas, las ciencias, las matemáticas, las ciencias sociales y otras áreas académicas. Después de haber sido entrenados en casa en técnicas específicas del aprendizaje, los niños deben tener un rendimiento superior en las clases. Las calificaciones en los exámenes deben subir y la motivación y auto-estima del niño deben mejorar.

Los objetivos específicos de PASS son el desarrollo en los padres de la comprensión de las siguientes habilidades y la adquisición de las mismas:

- mejorar la actitud
- proveer en la casa un ambiente productivo para el aprendizaje
- enseñarles a los hijos a manejar el tiempo, a poner atención a las instrucciones y a concentrarse en clase
- lidiar con las tareas y estudiar un libro
- ayudar a los niños a prepararse para los exámenes y a tomarlos
- tomar notas y organizar información
- mejorar la memoria y el proceso de razonamiento
- enseñar la lectura en casa

Las habilidades anteriores van a cubrirse en los siguientes módulos del manual. Los padres pueden estudiar el material de estos módulos por su cuenta o en talleres conducidos por el PTA (o Asociación de Padres y Maestros), organizaciones en las cuadras de su vecindario, grupos de su parroguia, organizaciones de servicio público, administradores de escuelas, programas Head Start, afiliados del Chapter 1 (Capítulo 1) y otros programas educativos para padres.

Hay ventajas de reunir a los padres en un taller. Pueden aprender unos de otros. La unión y la hermandad surgen del aprendizaje social. Además, el estudio en grupos puede ser una fuente de soporte y refuerzo. Los padres pueden compartir sus experiencias entre sí y reflexionar sobre aquellos métodos que funcionan y los que no. Las destrezas que se aprenden en cada módulo de PASS pueden ser implementadas en casa.

Este manual surgió como producto de varias consideraciones. Primeramente, existe un material abundante sobre las destrezas de estudio. La mayoría del material está escrito para estudiantes y maestros y sólo unos pocos están diseñados para los padres, en particular los padres provenientes de un medio económico desventajoso. Existe aún menos material que les ofrece a los padres la oportunidad de escoger entre el estudio independiente o el trabajo en grupo para aprender a enseñarles a sus hijos las destrezas de estudio.

Además de esto, aunque muchas escuelas tienen centros para destrezas de estudio donde los estudiantes pueden obtener ayuda, estos centros les parece inhóspitos a muchos estudiantes. Algunos estudiantes temen que si van a alguno de estos centros van a ser catalogados estudiantes con necesidades especiales o de lento aprendizaje. La casa no proyecta un estigma de esta magnitud. Los niños tienden a sentirse más cómodos en el ambiente familiar de sus casas.

Los padres pueden convertirse en una fuerza poderosa en la reforma educativa. Lo único que tienen que hacer es transformar su casa en un centro para destrezas de estudio cuyo personal está constituído por padres entrenados para ayudar a sus hijos a adquirir eficaces hábitos de estudio. La ayuda de los padres hará más fácil la tarea del maestro.

PASS les otorga a los padres más responsabilidad en la educación de sus hijos de la que tal vez estén acostumbrados. Les muestra a los padres a hacer de la casa no sólo un lugar para vivir, sino también para aprender. De este modo, les asigna a los padres un nuevo papel como facilitantes del aprendizaje.

Por sobre todo, este manual está diseñado para que se trabaje con él. Incluye muchos ejercicios para los padres relacionados con el desarrollo de destrezas. A los padres se les ofrece amplias oportunidades para reflexionar antes y después de trabajar con el material. Además, cada módulo tiene como introducción una "Guía de Estudio para los Padres." Esta página introductoria ofrece un panorama de lo que el padre va a aprender y prepara el terreno para el módulo que sigue.

Hay una repetición deliberada del material en los diferentes módulos. El propósito de esto es reforzar las ideas importantes para profundizar el conocimiento y acelerar el desarrollo de las destrezas.

El manual perfila un plan para que se trabaje en la escuela y en la casa para agudizar los hábitos de estudio del niño. En un sentido ofrece un curso intensivo para los padres. A través del manual se reta a los padres a examinar los métodos que emplean para criar a sus hijos. Asimismo, se les muestra la forma en que pueden contribuir al rendimiento de sus hijos en el salón de clases. Lo que aprendan de este manual ayudará a los padres a tener una relación más estrecha con sus hijos. Más importante aún, los capacitará para que asuman una función determinante en la educación de sus hijos.

En fin, este manual es un llamado a los padres a que asuman el poder al pedirles que usen su vasto potencial para desarrollar las facultades mentales de sus hijos. Por medio de un procedimiento paso a paso, el manual les muestra a los padres a "desarrollar sus músculos mentales" en el ámbito de la educación.

La gran tragedia en la educación norteamericana es que innumerables padres de familia utilizan sólo una fracción de su talento y del tiempo del que disponen para supervisar la labor escolar de sus hijos. Esta negligencia resulta en un desperdicio monumental de cerebros en este país. Para salir mejor en los estudios los alumnos necesitan que sus padres les dediquen más tiempo. Al responder a esa necesidad, los padres deben desarrollar su talento para emplear el tiempo mejorando el conocimiento de sus hijos. PASS se ocupa tanto del tiempo como de la manera de emplearlo.

UN PLAN PRIORITARIO PARA PADRES QUE NECESITAN AYUDA ESPECIAL

El programa PASS tiene un énfasis especial. Aunque puede ser utilizado con todos los padres, se dirige específicamente a los padres en las áreas urbanas que necesitan ayuda adicional. La razón para ello es que el pobre rendimiento académico es más persistente en esas zonas. Estas familias merecen una atención especial para que los programas de entrenamientos para padres tengan un efecto significativo en la instrucción impartida en las áreas más necesitadas del país. Estas familias deberían ocupar el número uno en la lista de prioridades en el sistema educativo. Resulta perturbador el hecho de que no lo sean.

Una tercera parte de los niños de temprana edad en esta nación corren el riesgo de fallar en los estudios. Algunos niños ya están en riesgo antes de llegar al kindergarten. En casi todas las comunidades, viven familias con niños cuyo rendimiento académico está por debajo de sus capacidades. Los padres en estas familias corren el riego de que sus hijos desaprueben alguna materia, que desperdicien el tiempo que pasan en la clase, que tengan que repetir uno o dos grados, que se comporten mal o que dejen la escuela por completo. Estos niños tienen poca energía para aprender y el deseo de asistir a la escuela es aún menor. Ya que estos niños no utilizan sus capacidades al máximo, quedan velozmente rezagados respecto a otros niños en la clase. Como debe de esperarse, el trabajo escolar se vuelve una fuente de frustración para ellos.

Estos niños y sus padres requieren atención particular. Para garantizar esta atención se deben implementar muchas iniciativas dirigidas en exclusivo a estos grupos. PASS es sólo una de estas iniciativas. Su objetivo es reclutar a los padres de estos niños para la pelea por el mejoramiento educativo de sus hijos. En resumen, PASS es un plan detallado para un programa en masa de auto-ayuda para las familias que necesiten apoyo adicional.

En la última década un creciente círculo de líderes políticos y del sistema educativo ha formulado una serie de metas nacionales para la educación. Encabezando la lista se encuentra la meta de que todo niño debe estar listo para aprender al comenzar la escuela. Una manera de lograr este objetivo es que todos los padres aprendan a enseñarles a sus hijos hábitos de estudio eficaces, y mientras más pronto, mejor. La mejor manera para aprender las destrezas necesarias es asistiendo a los programas educativos para padres que se ofrecen con este propósito.

Es obvio que estos padres salen ganando al ser entrenados en la adquisición de técnicas de estudio para ser implementadas con sus hijos. Motivarlos a que aprendan estas destrezas implica el uso de estrategias que ellos mismos ayudan a formular y a adaptar a sus circunstancias particulares.

Seguidamente se ofrece un plan para estas estrategias, que tiene un propósito binario: atraer a los padres a un programa de entrenamiento para padres que se enfoque en cómo mejorar las destrezas de estudio de sus hijos y darles incentivos para que asistan a todas las sesiones del entrenamiento. Este plan en inglés se denomina el plan PINSA (Parents in Need of Special Attention o Padres con Necesidad de Atención Especial). Las siglas en inglés denominan a los padres que tienen necesidad de atención especial. El plan se comprende de cuatro estrategias, dadas a continuación:

Estrategia 1. PASS debe ser ofrecido como una serie de talleres para padres dirigidos al vecindario en que viven.

Los padres que tienen necesidad de ayuda especial aprenden mejor en grupos. Tienden a sentirse más cómodos si aprenden con sus iguales. Las reuniones de los grupos pueden ser diseñadas como salidas o excursiones sociales tanto como sesiones de aprendizaje, denominando la actividad con el rótulo de "Diversión y Estudio Juntos." Los talleres de destrezas de estudio deben ser organizados en base a la rutina diaria de los padres en un mismo vecindario.

Estrategia 2. Los talleres de PASS deben ser organizados por un equipo de padres.

Los directores de escuelas, los ministros y los jefes de agencias sociales pueden identificar a los padres con habilidades de liderazgo para formar el equipo planificador de padres. Se puede convocar una reunión con estos padres para explicarles el programa PASS. Este grupo principal de padres debe ayudar a planear, a dirigir y a evaluar los talleres.

PASS debe ser dirigido por los padres. Los padres líderes deben ser los que controlen el curso del programa. El programa debe tomar lugar en una escuela a la que los padres puedan llegar a pie y no en un lugar central a millas de distancia. El equipo planificador de padres puede ser dividido en los siguientes comités organizadores:

Hospitalidad: encargados de la música, premios a los asistentes, bebidas y refrigerios.

Publicidad: hacer propaganda sobre el programa y notificarles a los padres sobre cada taller

Cuidado de niños: proveer servicios para el cuidado de niños

Transporte: proveer medio de transporte de ida y vuelta a los asistentes

Teléfono: contactarse con los padres que necesitan ayuda adicional y trabajar de cerca con ellos

Presupuesto: determinar el costo de los programas y recaudar fondos para sufragar los gastos

Estrategia 3. Los talleres deben incluir actividades sociales además de actividades educativas.

Los padres se sienten más motivados a participar en los programas educativos que ofrecen diversión, fraternida y entretenimiento. Todos los talleres deben mezclar actividades sociales con el aprendizaje.

El comité de hospitalidad tiene la tarea de crear un ambiente festivo para los talleres. Debe dar la bienvenida a los padres y proveer música y refrigerios. Debe también ofrecerse como servicio el cuidado de niños. El comité publicitario debe poner énfasis en que el programa les ofrece a todos la oportunidad de divertirse. Los premios que se dan a la entrada pueden crear interés y la música puede ayudar a crear una atmósfera festiva. Las actividades de aprendizaje en las que participan los padres deben producir un material que estos puedan llevar a casa y compartir con sus hijos (por ejemplo, cintas de pelo, marcadores de libros, portafolios, folios con actividades, etc.).

Estrategia 4. Los organizadores deben dirigirse especialmente a los padres que necesitan más ayuda y deben ofrecerles un trato preferente al reclutarlos para asistir a los talleres.

La apatía entre los padres de niños muy necesitados de ayuda es alta. Con frecuencia es difícil lograr que asistan a las sesiones de entrenamiento. Estos padres están necesitados de ayuda especial porque son los que más necesitan de las destrezas para ayudar a sus hijos a tener éxito en la escuela. Una campaña para atraerlos a los talleres merece continua atención.

Un comité especial de padres (el comité PINSA o Padres con Necesidad de Atención Especial) puede asumir la responsabilidad de diseñar un plan agresivo para tratar de captar el interés de estos padres. Por principio, el comité puede enviarles una carta (vea el ejemplo A más adelante) a los padres firmada por el superintendente de escuelas. Su firma añadirá un sentido de importancia al programa. Esta carta debe incluir también el horario para los talleres (vea el ejemplo B más adelante). Antes de cada taller, el director de la escuela les puede enviar a los padres un mensaje para recordarles la fecha del evento (vea el ej C).

Finalmente, un comité de padres encargados de las llamadas telefónicas deberá llamar a aquellos padres que hayan sido identificados por los administradores de escuelas como padres que obtendrían un mayor beneficio de los talleres. Estos padres deben ser incluidos en una lista selecta y preferencial para recibir una llamada antes de cada taller en la que cortesmente se les recuerde del mismo. Es posible que sea necesario que los miembros del comité de padres pasen a recogerlos para acompañarlos a los talleres.

Debe tomarse medidas para proveer servicios para el cuidado de niños a los participantes. Es importante facilitar la asistencia a los talleres a las madres ya los padres jóvenes ofreciéndoles la oportunidad de dejar a sus hijos al cuidado de personas capacitadas en el mismo local donde se lleva a cabo el taller. El programa para cuidados de niños debe ser educativo. Las personas al cuidado de los niños deben tener experiencia para proveer actividades que estimulen el desenvolvimiento a niños de diversas edades. Los niños deben mantenerse ocupados con juegos y artes manuales. Se pueden exhibir las cosas que hagan para que las vean los padres que asisten a los talleres o hacer una exposición durante los reuniones del consejo de la escuela.

Se debe ofrecer transportación a estos padres cuando fuere necesario. Ir juntos a los talleres puede promover un sentimiento de fraternidad. Además, los padres del comité encargado de reclutar a estos padres deben escribir notas de agradecimiento por su asistencia, así como también utilizar la donación de premios a los asistentes como incentivo para su participación. Asimismo, los miembros del comité deben explorar otras posibilidades de incentivos para los participantes.

EJEMPLO A

Estimado/s señor/señora ___________________________

Por favor, acepten esta carta como una invitación personal para asistir a una serie de talleres ofrecidos para padres de familia por el Distrito Escolar ___________________________ . El primer taller tendrá lugar el jueves, 20 de septiembre de 20 ________ , en el Centro de Educación en Lake Road. El taller comienza a las 6:00 p.m. y termina a las 8:30 p.m. Habrá refrigerios, música, premios y diversión para todos.

Su hijo/a necesita su ayuda para tener éxito en la escuela. Los padres son las personas más importantes en la vida de sus hijos. Por eso, su ayuda puede ser el factor que determine si su hijo/a sale bien en la escuela o no. Estos talleres demuestran cómo pueden ustedes ayudar.

Todos los talleres se enfocan en siete destrezas de estudio que ustedes pueden enseñarles a sus hijos en la casa. Ustedes aprenderán formas sencillas para enseñar estas destrezas. Debido al esfuerzo que ustedes pongan en casa, los hábitos de estudio de sus hijos mejorarán y lo mismo deberá suceder con las notas y los exámenes.

Se ofrecen servicios para el cuidado de niños durante los talleres, así que sientánse con liberttad de llevar a sus hijos a los talleres. Los niños serán supervisados por personal con experiencia en el cuidado de niños. Si necesitan transporte para asistir a los talleres, llamen al director de la escuela o a los miembros del PTO (Organización de Padres y Maestros).

Por favor, demuestren el amor que les tienen a sus hijos asistiendo a estos talleres. Sus hijos dependen de ustedes. Espero verlos el día 19.

Atentamente,

EJEMPLO B

Horario de los talleres para padres

Centro de Educación, Escuelas Lake Side

Taller 1
Tema: Cómo desarrollar una actitud que motive al estudiante a aprender
jueves, septiembre 2 de 20____ 6:00–8:30 p.m.

Taller 2
Tema: Cómo convertir el hogar en un lugar de aprendizaje
jueves, septiembre 19 de 20____ 6:00–8:30 p.m.

Taller 3
Tema: Cómo mejorar las destrezas para la concentración, para escuchar y para manejar el tiempo
jueves, octubre 3 de 20____ 6:00–8:30 p.m.

Taller 4
Tema: Cómo ayudar a sus hijos a hacer la tarea y cómo entender los textos para las clases
jueves, octubre 17 de 20____ 6:00–8:30 p.m.

Taller 5
Tema: Cómo ayudar a sus hijos a tomar notas y a organizar información
jueves, octubre 24 de 20____ 6:00–8:30 p.m.

Taller 6
Tema: Cómo ayudar a sus hijos a prepararse para tomar exámenes
jueves, noviembre 7 de 20____ 6:00–8:30 p.m.

Taller 7
Tema: Cómo desarrollar las destrezas para pensar y para la memoria
jueves, noviembre 21 de 20____ 6:00–8:30 p.m.

Taller 8
Tema: Cómo ayudar a sus hijos a ser mejores lectores
jueves, diciembre 5 de 20____ 6:00–8:30 p.m.

EJEMPLO C

Estimado/s señor/señora ________________,

Yo personalmente los invito a formar parte de una entusiasmante serie de talleres educativos para los padres de familia ofrecidos por el Distrito Escolar ________________. La próxima tendrá lugar el 3 de octubre a las 6:00 p.m. en el Centro de Educación en Lake Road.

Los talleres han sido diseñados para ayudar a los padres a participar en el mejoramiento de los hábitos de estudio de sus hijos en la casa. Ustedes aprenderán siete destrezas de estudio que constituyen siete formas sencillas para guiar a sus hijos a obtener mejores notas y a salir mejor en los exámenes. Esta es una excelente oportunidad para participar en la educación de sus hijos.

No queremos que se pierdan esta experiencia. Todos los talleres tienen lugar los jueves por la noche, de 6:00 p.m. a 8:30 p.m. Adjunto se envía el horario de los talleres. Se divertirán mucho. Habrá refrigerios, premios, música y supervisión para sus hijos pequeños. ¿Necesita transporte? Para ello sólo tiene que llamar al director de la escuela o a la oficina del PTO (Organización de Padres y Maestros) y ellos proveerán la transporte.

Sus hijos dependen de ustedes. Ustedes pueden influir en lo que pase con sus hijos. Espero verlos en los talleres.

Atentamente,

EL PROGRAMA EDUCATIVO DE PASS

Central para el éxito de PASS es el programa educativo que ofrece. El mísmo consiste en siete destrezas de estudio que se pueden aprender o enseñar en cualquier orden. Las destrezas no dependen unas de otras.

Como se ha indicado anteriormente, este programa está organizado en base a módulos o talleres para poder ser estudiado en grupos. Ya que los temas no siguen una secuencia, los padres no se encontrarán en desventajas después de perder algún taller. Si los padres desean estudiar por su cuenta, pueden hacerlo dado la organización del programa.

Cualquiera que sea la forma en que se estudie, los padres necesitan algún ejercicio de calentamiento antes de abarcar de lleno las meterse de lleno en las unidades del programa. Esto se puede hacer inspeccionando el programa en forma condensada que sigue a continuación. Esta especie de somera reproducción de PASS les permite a los padres poder revisar y ver de qué forma están integradas las partes principales del programa.

Conviértase en un "maestro casero"

Hay tres pasos que se deben seguir para convertirse en un "maestro casero" o un facilitador del aprendizaje. El primero es asumir la actitud de que usted puede convertir a su hijo en un ganador en la escuela. El segundo es convertir su casa en un centro de aprendizaje. El tercer paso es invertir tiempo en adquirir destrezas específicas para ayudar a su hijo a aprender. Estos pasos están delineados a continuación:

Paso 1: Desarrolle una actitud positiva.

1. Crea que usted es importante como maestro y como padre.
2. Crea en que usted puede ser un factor determinante para que su hijo se desempeñe lo mejor que pueda en la escuela.
3. Crea que usted puede aprender las destrezas necesarias para convertirse en un facilitador de aprendizaje.

Paso 2: Cree un ambiente en la casa propicio para el aprendizaje y que provea ayuda física y emocional.

1. Asigne un lugar especial de estudio (LEE) para su hijo en la casa.
2. Identifique con alguna señal el LEE.
3. Equipe y surta el LEE con los materiales necesarios para estudiar.
4. Ponga un rótulo en los lugares de almacenar y en los materiales en el LEE.
5. Sea un modelo de conducta y actitud que demuestre la importancia del trabajo escolar.
    a. Emplee el tiempo en que está desocupado jugando o hablando con su hijo.
    b. Lea donde su hijo pueda observarlo.
    c. Hable de la escuela, del aprendizaje y de la educación.

   d. Mire programas televisivos sobre la educación y el aprendizaje.

   e. Revise cuidadosamente toda la información que envíen de la escuela.

6. Refuerce los buenos hábitos de estudio.

   a. Alabe a su hijo para desarrollar su auto-estima.

   b. Envíele notas entusiastas a su hijo.

   c. Haga algo especial por su hijo cuando éste salga bien en la escuela.

   d. Exhiba los deberes escolares de su hijo en la casa.

   e. Demuestre tener respeto por el poder del conocimiento y del mundo de las ideas.

Paso 3: Adquiera destrezas específicas para facilitar el aprendizaje en casa.

Hacerse competente en las destrezas del aprendizaje requiere de un trabajo arduo y de práctica. Específicamente hablando, requiere aprender las siguientes cosas:

1. Ayudar a su hijo a manejar el tiempo que tiene para estudiar.
2. Ayudar a su hijo a hacer la tarea.
3. Ayudar a su hijo a ser mejor lector.
4. Ayudar a su hijo a entender cómo usar un texto y a preparase para los exámenes.
5. Ayudar a su hijo a escuchar activamente en la escuela y a mejorar su concentración.
6. Fortalecer la memoria de su hijo y su facultad para pensar.
7. Ayudar a su hijo a organizar información y a tomar notas.

Las destrezas de estudio son herramientas del aprendizaje o mecanismos para utilizar de una manera eficiente el tiempo disponible para el estudio. Por sobre todo, estas destrezas le dan al niño el poder para aprender en la escuela, para tener éxito y para sentirse mejor como aprendiz.

Los niños no sacarán el máximo provecho de la educación a menos que sepan cómo estudiar. Los buenos hábitos de estudio ayudan a los niños en los momentos difíciles no tan sólo en la escuela sino a lo largo de la vida. De estas destrezas depende que el futuro sea bueno o malo. Las destrezas de aprendizaje permanecen por toda la vida. Carl Rogers dio en el clavo cuando dijo que el "único hombre educado es aquél que ha aprendido a aprender."

LA IMPORTANCIA DE ESTUDIAR Y APRENDER

Hay dos principales razones por las que los niños salen bien en la escuela: ya porque poseen el interés, el deseo o el empuje para salir bien o porque poseen destrezas para estudiar y aprender. Asimismo, las principales razones por las que los niños no salen bien en la escuela son que carecen de motivación o que no tienen las destrezas de estudio necesarias para tener éxito en la escuela.

Estudiar es una actividad importante en la vida de una persona. Es mediante el estudio que las personas aprenden, ya sea leyendo, escribiendo, escuchando o haciendo preguntas. Estudiar fortalece la mente. Ocupa el mismo lugar de importancia que comer, relajarse, dormir, jugar y otras funciones del diario vivir.

El aprendizaje comienza al nacer y continúa durante toda la vida. Uno aprende en la escuela y fuera de ella. El aprendizaje lleva a una educación que no es posible perder. El saber libera a las personas, ofreciéndoles opciones. Sin opciones la vida es un camino de una sola vía que no sale a ninguna parte. La educación es un camino que conduce a alguna parte. El saber pone al alcance del niño un mundo de alternativas para mejorar su condición de vida. Aprender a estudiar hace más fácil la adquisición del saber. Los padres pueden ayudar a sus hijos a aprender a estudiar trabajando estrechamente con ellos en casa. La clave para ayudar a sus hijos a tener éxito en la escuela es hacer del aprendizaje una actividad útil y divertida.

RECOMENDACIONES DE COMO ESTUDIAR PARA PADRES

Se conoce mucho sobre la dinámica del aprendizaje. El modo de aprendizaje eficaz no se da porque sí, sino que es el resultado de un arduo trabajo. Por sobre todo, lleva tiempo. Los niños aprenden observando a los demás, preguntando, haciendo cosas, cometiendo errores, leyendo, asistiendo a la escuela y especialmente estudiando. Es posible que los padres no puedan controlar algunas de las formas en que los niños aprenden. Sin embargo, sí pueden dedicar algún tiempo para aprender a cultivar los hábitos de estudio de sus hijos para ayudarlos a aprender en la escuela. A continuación se ofrecen siete recomendaciones para guiar a los padres en el esfuerzo por mejorar los hábitos de estudio de sus hijos. A medida que avance en el trabajo del manual, vuelva a repasar las siguientes recomendaciones de vez en cuando para refrescarse la memoria sobre estas importantes consideraciones sobre el estudio:

Recomendación 1: Práctica

La práctica es necesaria para aprender a estudiar y ésta lleva tiempo. Es necesario dedicar tiempo para que un niño practique una destreza de estudio. La práctica requiere un esfuerzo mental y físico. Mientras más practique un niño una destreza de estudio, mejor la aprenderá.

Recomendación 2: Rutina

Los buenos estudiantes hacen del estudio un hábito, integrándolo en su vida diaria. Estudiar se hace más fácil cuando forma parte de la rutina de un niño. Los estudiantes que no estudian regularmente en sus casas rara vez sobresalen en la escuela.

Recomendación 3: Ambiente

Estudiar es más eficaz cuando el ambiente contribuye al trabajo mental. Un sitio de estudio conducente a la productividad requiere de luz apropiada, ventilación y temperatura adecuadas, muebles cómodos y surtido de materiales para estudiar, así como también de soledad. Estas condiciones predisponen y elevan el deseo de aprender.

Recomendación 4: Salud

Para estudiar y aprender se necesita una mente y un cuerpo saludable. Un niño no podrá enfrentarse a los rigores del trabajo mental si no goza de buena salud. El niño requiere de buena vista y de buen oído para la labor escolar. También necesita descanso y ejercicio adecuados y un buen régimen alimenticio.

Recomendación 5: Actitud

Los niños no serán aplicados en el estudio si no creen que éste es importante. La actitud que asuman hacia el aprendizaje determinará la clase de estudiantes que van a ser. La actitud que el niño perciba en su casa es un factor crítico en la actitud que desarrolle en la escuela. Al recibir el mensaje de los que los rodean y creer que pueden ser estudiantes exitosos, los niños se mostrarán más ansiosos de practicar aquellas destrezas de estudio que los ayudan a aprender.

Recomendación 6: Aliento y apoyo

Una palmadita en la espalda como señal de aprobación por el esfuerzo o el desempeño escolar del niño es un motivador poderoso que obra maravillas. Los niños aprenden más cuando reciben palabras de aliento de los padres habitualmente. El psicólogo Rudolf Dreikurs advierte que "los niños necesitan ser alentados como las plantas necesitan del agua." Otra vez, los niños salen mejor en la escuela cuando los padres les brindan apoyo en sus estudios.

Recomendación 7: Memoria y facultad de pensamiento

Aprender no es tan sólo la memorización de datos. Es también sacarle un sentido a los datos, lo que implica establecer relaciones, comprender reglas y encontrar un significado en lo que se estudia. El estudio de cualquier materia debe siempre combinar la memorización de datos y la reflexión sobre los mismos.

EL APRENDIZAJE Y LA DIVERSION

Si aprender requiere de tanto tiempo y energía, ¿puede también ser divertido? ¡Absolutamente que sí! Pero nunca será divertido para el niño si éste no sabe cómo aprender. El esfuerzo mental es difícil para muchos niños. Si no tienen la oportunidad de ejercitar la mente en la casa, les será dificultoso hacerlo en la escuela.

Valga repetir que la práctica produce buenos hábitos de estudio. Ya adquiridos los hábitos de estudio facilitan el camino hacia el aprendizaje. Cuando aprender se convierte en una tarea fácil para los niños, también se hace más divertida.

Los padres tienen el poder para demostrarles a los hijos que estudiar y aprender pueden ser divertidos. Estudiar les resultará más atractivo a los niños cuando vean que hacerlo produce resultados. La tarea de los padres es ayudar a sus hijos a desarrollar destrezas de estudio para que tengan éxito en la escuela.

Aprender implica un cambio de conducta. Los niños aprenden continuamente a medida que van creciendo. Los padres aprenden también y pueden aprender la forma de ayudar a sus hijos a que aprendan. Esta tarea no es fácil, pero es preciso que los padres comiencen a enseñar a sus hijos en la casa. Para dar los primeros pasos los padres pueden seguir las siguientes sugerencias:

- Sean ustedes aprendices leyendo y mirando las noticias o programas sobre eventos de la actualidad. Discuta sus ideas con amigos y familiares, ya que los niños copian lo que les ven hacer a los padres.

- Hable siempre con sus hijos sobre la importancia de aprender pero sin sermonearlos.

- Pase cortos períodos de tiempo trabajando con sus hijos en adquirir destrezas de estudio específicas, dejando suficiente tiempo para descansar entre la práctica de cada destreza.
- Recuerde que los períodos de estudio cortos son más eficaces para los niños pequeños.
- Agudice el hábito de aprendizaje a través de la repetición y la práctica. Una destreza se aprende mejor mediante la práctica. Por eso asegúrese de que su hijo practique una destreza de estudio una y otra vez.
- No haga el trabajo que les corresponde a sus hijos. Los niños aprenden más si hacen las cosas ellos mismos. Ayúdelos a entender cómo hacer su propio trabajo.
- Ayude a sus hijos a aprender una materia difícil dividiéndola en partes que se puedan estudiar por separado. Más adelante se puede estudiar la manera en que las partes más pequeñas encajan entre sí y se integran en un todo.
- Identifique cuál es el estilo de aprendizaje de cada niño, ya que todos los niños no aprenden de la misma forma. Algunos aprenden mejor observando (modo visual); otros escuchando (modo auditivo) y otros aprenden mejor a través del tacto o movimiento (modo cinético o táctil). Muchos niños prefieren aprender por sí solos y otros aprenden más en grupo, estudiando con otros niños. A algunos niños les gusta aprender escuchando música de trasfondo y otros prefieren el silencio. Al pasar tiempo con sus hijos mientras éstos estudian los padres lograrán percatarse del principal estilo de aprendizaje utilizan.

Robert E. Valett, un experto en materia de aprendizaje, recomienda cinco reglas para aprender que corresponden a la palabra "aprenda" en inglés, la cual es "learn." Estas reglas sirven de ayuda a los padres decididos a ser maestros en la casa:

Listen carefully (Escuche con atención).

Exert yourself (Esfuércese).

Aspire to achievement (Aspire a obtener logros).

Reason well (Razone bien).

Nurture your interests and talents (Alimente sus intereses y su talento).

Todas estas reglas son importantes, pero la más importante para los padres es esforzarse. Esto implica entrar en acción, excederse en su esfuerzo y asumir la responsabilidad de asegurar que sus hijos adquieran hábitos de estudio eficaces.

Vamos a comenzar con el primer módulo.

PASS Taller/Módulo 1

La actitud de los padres

GUIA DE ESTUDIO PARA LOS PADRES 1

ENFOQUE	Crear una actitud útil para el aprendizaje del estudiante
PROPOSITO	Desarrollar un entendimiento de la función que tiene la actitud en la tarea de convertirse en un facilitador del aprendizaje
DESTREZA	Condicionarse para lograr un cambio positivo en el aprendizaje de su hijo
REFLEXION	Compartir sus opiniones, antes y después de esta lección, sobre la importancia y la función de la actitud

Antes:

Después:

ACTITUD

EL APRENDIZAJE COMIENZA EN LA CASA

Bienvenidos a este programa de entrenamiento. El entrenamiento llega en un momento en que el panorama educativo se muestra gris y en que los educadores buscan los medios para cambiar el cinismo público hacia el sistema escolar.

Muchos están descontentos con las escuelas. En todo el país se hace eco del llamado a una reforma y a un cambio radical en las escuelas. Además de los políticos, otros también se lamentan por las bajas calificaciones en los exámenes, los malos hábitos de estudio de los estudiantes, los fondos y el presupuesto, las peleas sobre el derecho a escoger las escuelas, la falta de motivación de los estudiantes, la violencia en las escuelas y la apatía de los padres. Los padres en todos sitios se preguntan: "¿Qué se puede hacer para eliminar el estado deplorable de nuestras escuelas? ¿Cuál es la solución?" Una de las respuestas se encuentra al mirarse al espejo: los padres pueden convertirse ellos mismos en la solución haciéndose partícipes del problema.

El grito de necesidad sobre la mejora de las escuelas se remonta lejos en el pasado histórico de este país. El clamor de que los padres son indispensables para dicha mejora nunca se ha escuchado con más resonancia que hoy. La verdad es que una sola persona no puede salvar las escuelas. Esto requiere el esfuerzo de muchos. La casa es donde se comienza y los padres son la clave de la solución. Las escuelas serán rescatadas desde abajo (los padres) y no desde arriba (la burocracia) en la escala de autoridad. Los resultados del trabajo del ejército de vanguardia serán más rápidos que los provenientes del campamento de mando de los jefes.

Lo que hagan los padres en la casa determinará más que ninguna otra cosa cuál será la calidad del trabajo en la escuela. Los padres pueden acelerar el ímpetu de elevar la calidad de la educación. PASS les ofrece a los padres el entrenamiento para emprender la iniciativa.

Ya que es un programa educativo para padres, PASS se basa en las siguientes cuatro premisas:

1. El mejoramiento de la educación comienza en la casa y en los barrios de América. Mientras más pronto se conviertan la casa y el barrio en verdaderos lugares de aprendizaje, más rápidamente mejorará el aprendizaje en las escuelas.
2. Los padres tienen el potencial para convertirse en "facilitadores del aprendizaje" o maestros caseros. A los padres les corresponde darles a sus hijos las herramientas para salir bien en la escuela. Es en la casa donde radica la responsabilidad de preparar a los niños para aprender.
3. La forma más segura que tienen los padres de elevar el nivel de logro de sus hijos en la escuela es enseñándoles destrezas de supervivencia para la escuela. Estas destrezas se conocen más conmúnmente como destrezas de estudio.

4. Todos los padres, no importa sus circunstancias o el ambiente en que hayan crecido, pueden aprender estas destrezas de estudio ya sea por medio de un programa de entrenamiento intensivo completado por sí solos o en colaboración con otros.

PASS se basa en la creencia de que el aprendizaje es una empresa colectiva que requiere de muchas personas para que funcione. Parafraseando un proverbio africano, "Se requiere la colaboración de toda una villa para educar a un niño." Lo que esto quiere decir es que las escuelas no pueden educar a los niños por sí solas. Necesitan la ayuda de otros, en especial de los padres.

PASS hace un llamado para establecer una sociedad de padres y maestros. Los niños no aprenden tan sólo de los maestros sino también de los padres. Después de todo es en la casa donde comienza la educación. Reverberando por los pasillos de las escuelas se escucha el grito de auxilio de los maestros. Los maestros piden desesperadamente que los padres les echen una mano. PASS les muestra a los padres cómo pueden acudir en su ayuda.

PASS mobiliza a los padres a ejercer su poder. Este poder es siempre más eficaz cuando los padres tienen las destrezas para ejercerlo. En un corto período de tiempo PASS les da a los padres el poder de acrecentar la motivación de sus hijos en la escuela.

Un tema principal se destaca a través de PASS. Este es que los maestros pueden desempeñar una mejor labor en educar a los niños si los padres cumplen con la tarea de preparar a los niños para aprender. Se necesitan dos cosas de los padres para poder enviar a la escuela niños listos para aprender. Primeramente los padres deben hacer un esfuerzo por adquirir las destrezas necesarias para enseñarles a sus hijos hábitos de estudio eficaces. Lo segundo que deben hacer es pasar tiempo con sus hijos para poner en práctica estas destrezas.

Las ideas en este manual son bien conocidas. Pueden encontrarse en muchos volúmenes sobre destrezas de estudio. La mayor parte de la literatura que trata este tema ha sido diseñada para estudiantes o maestros. En años recientes, sin embargo, innumerables libros sobre el tema han sido dirigidos a los padres. Este manual también es para padres, en particular aquellos padres cuyos hijos necesitan ayuda adicional. El manual adapta el vasto conocimiento existente sobre destrezas de estudio para la interacción de los padres y lo organiza en un formato conveniente para los padres aprendices.

LOS PADRES SON EL ESLABON CRITICO

El primer paso que deben dar los padres para ayudar a sus hijos a cultivar hábitos de estudio eficaces es refinar su propia actitud al respecto. La actitud que se tiene es lo que determina el éxito en cualquier empresa. La actitud es la llama que enciende el fuego del esfuerzo.

Los padres deben creer que ellos pueden influir para que sus hijos salgan bien en la escuela. Deben creer que la mejor manera de ayudar a sus hijos en la escuela es enseñárles hábitos de estudio adecuados. Los padres también deben creer que estos hábitos de estudio se pueden enseñar en la casa. Por último, deben creer que si perseveran sus esfuerzos se verán recompensados más adelante. No se defraude ante los fracasos. Recuerde el consejo de Tomás Edison: "No se dé por vencido porque todo retraso en el progreso, al igual que todo fracaso, es un paso hacia adelante."

Los padres son lo que creen ser. Los padres inteligentes creen en el valor de la educación. La educación significa poder y les permite a sus hijos labrarse un futuro. La educación se obtiene por medio del aprendizaje. Todo padre y toda madre puede darles a sus hijos el poder de aprender en la escuela convirtiéndose ellos en facilitadores del aprendizaje.

Muchos padres piensan que no son importantes para la educación de sus hijos. Pueden sentir que no tienen ni palanca ni influencia ni autoridad para efectuar cambios. Es posible que piensen que sólo los presidentes, los gobernadores, los campeones, los generales, los científicos o los ricos pueden cambiar el mundo. Los padres a veces se ahogan en tareas minuciosas sin importancia y piensan que lo que hacen no cuenta verdaderamente. Nada más lejos de la realidad. Helen Keller pudo haber estado hablando de los padres al asegurar que "el mundo se mueve no tan sólo por los grandes empujones de los héroes sino también por la totalidad de pequeños empujoncitos de cada trabajador honesto."

Todos los padres son importantes y tienen una enorme responsabilidad. Es así porque están a cargo de criar niños que serán los futuros dirigentes de nuestro planeta. No es difícil entender que la cosecha del mundo depende de las semillas que los padres planten. Piensen en lo que sería la vida de sus hijos sin su ayuda. Ustedes son especiales para ellos; las estrellas más brillantes de su constelación.

Aunque los padres se encargan de pequeñas cosas rutinarias de la vida diaria, esto no les resta importancia. Los padres no tienen más que escuchar el consejo de una gran figura humanitaria, la Madre Teresa de Calcuta: "Lleven a cabo pequeñas cosas con un gran amor." De hecho, los padres pueden verse a sí mismos como pequeñas bisagras que permiten que se abran grandes puertas. Así como las pequeñas bisagras en las puertas, los padres ejercen un fantástico poder en la vida de sus hijos.

Las diez palabras más paralizantes para los padres son "No puedo hacerlo. No tengo la influencia para efectuar cambios." Asimismo, las diez palabras más inspirantes son "Sí, yo puedo hacerlo. Tengo la influencia para efectuar cambios." Estas últimas palabras marcan el camino hacia el éxito en la crianza de niños.

Hace algún tiempo, el ya fallecido actor Johnny Weismuller, quien hiciera el papel de Tarzán en el cine, se encontraba dando una charla de motivación a actores principiantes. Le pidieron un consejo que los ayudara a prepararse para su profesión. Bruscamente respondió que el mejor consejo que les podía dar era: "No sueltes la rama." No se les puede dar mejor consejo a los padres que luchan para que sus hijos salgan bien en la escuela. Aférrense a sus convicciones y no abandonen el sueño de lograr mejoras en la vida de sus hijos. Adelántense a quéllos que dicen "No puedo." Dense golpes en el pecho como Tarzán y griten: "¡Yo puedo lograrlo! ¡Yo voy a lograrlo!"

Si se les preguntara a los padres si aman a sus hijos, la mayoría respondería que sí. Pero si se les pidiera que presentaran pruebas de su cariño, muchos lo pensarían largamente. Muchos dirían que proveen la comida y otros que proveen ropa y casa. Algunos dirían que les dan una educación a sus hijos como muestra de su cariño.

La ley les exige a los padres proveer esas cosas. Por lo tanto, esta generosidad no refleja de manera especial el amor que los padres sienten por sus hijos. Por otro lado, si los padres alegaran como evidencia que les dedican tiempo a sus hijos y que tratan de prepararlos para el éxito, esa sería la prueba más convincente de su amor. Recuerde el dicho de que es fácil tener hijos, pero que ser padre y madre requiere de un gran esfuerzo.

El valor de los padres no se mide por sus riquezas mi por su cuenta bancaria, ni por cuántos carros o amigos tienen ni por el prestigio social que hayan adquirido. La vara con la que se mide el valor de las personas como padres y seres humanos es la crianza que le dan a sus hijos. Este puede ser el verdadero parámetro del éxito en la vida.

Para criar bien a los hijos hoy en día es necesario que los padres pasen tiempo con ellos y los ayuden a aprender. Como se ha dicho antes, aprender significa poder. Las destrezas de aprendizaje son la mejor manera para que un niño se enfrente a la vida y se prepare para el futuro. Las buenas destrezas de estudio son el mejor regalo que los padres pueden ofrecerles a sus hijos. Las destrezas de estudio les garantiza una buena educación; una buena educación aumenta las probabilidades de vivir bien.

Los niños, en particular aquéllos que provienen de hogares menos priviligiados, se enfrentan a una montaña de problemas y presiones durante su crecimiento. Los padres pueden ayudarlos a quitarles esa montaña del medio. Siguiendo la toma de mando de Montel Williams, el conductor del programa de charla de televisión y conferenciante de charlas inspirativas, los padres deben enseñarles a sus hijos el cántico de "Montaña, ¡apártate de mi camino!" El siguiente verso de una canción evangélica puede demostrar la determinación para que los niños logren lograr el éxito y combatir los obstáculos de la vida: "Muévete, montaña, muévete."

Los hijos son el legado que los padres dejan en el mundo después de morir. Los hijos son el reflejo de los padres, por lo que también despliegan la actitud de los padres hacia la educación.

No hay un cinturón de seguridad para los padres que atraviesan los caminos rocosos que constituyen la educación de los hijos. Los golpes y moretones son parte del viaje. Sin embargo, los padres poseen el medio para allanar el camino de varias maneras. Una de éstas es adquirir conocimiento sobre los hábitos de estudio, los niños y la escuela. Otra manera es aprender a enseñarles a sus hijos destrezas de estudio específicas. Una tercera manera de allanar el camino es cultivando la actitud, resolución o convicción de que van a ser un factor decisivo en la educación de los hijos.

Las actitudes o posturas son imágenes mentales que tenemos de nosotros mismos. Las personas se guían por las imágenes mentales que crean, las cuales pueden ser positivas o negativas. Todos nosotros tenemos la habilidad de formular imágenes positivas y generar pensamientos positivos de nosotros mismos y de lo que podemos hacer. Las actitudes positivas nos hacen sentir bien y nos dan la seguridad necesaria para ser una fuerza móvil en la vida de nuestros hijos.

Su éxito como padres está determinado por la actitud que asuma. Usted llevará la ventaja al poseer la actitud adecuada, que no le permitirá desviarse del camino emprendido. Por eso, debe estar convencido de que usted puede hacer mucho para mejorar el aprendizaje de su hijo.

En inglés, la palabra MAMA se traduce como MOM. Las siglas de la palabra inglesa pueden significar, en relación a la educación, "madly on a mission" (a las siglas en español de "mamá" correspondería más o menos "madres en aras de una misión apasionante"). PAPA en inglés es DAD. Las siglas de DAD podrían significar "desperate and determined" ("desesperados y determinados"). Ambas caracterizaciones captan la intensidad y la dedicación que se les requiere a los padres si van a ayudar a sus hijos a tener éxito en la escuela. Todas las mamás y papás necesitan tener pasión, deseo y empuje para lograr el éxito en su función de maestros caseros.

Los padres pueden verdaderamente constituir una influencia moldeante en el trabajo escolar de sus hijos, pero deben creer esto con todas sus fuerzas. Repase las cinco aserciones a continuación, recitándolas varias veces. Sobre todo, crea en ellas:

1. Yo soy importante para la educación de mi hijo.
2. Puedo aprender destrezas para mejorar los hábitos de estudio de mi hijo.

3. Mi hijo necesita atención y tiempo.
4. Voy a influir positivamente en el aprendizaje de mi hijo.
5. Voy a esforzarme por efectuar cambios en la vida de mi hijo.

Razones para esforzarse

En la mayoría de los casos depende de usted el que su hijo sea un estudiante atrasado, promedio o adelantado. Usted podría hacerse la pregunta de "¿Por qué debo esforzarme para hacer que las cosas sean diferentes?" Hay muchas razones para hacerlo, seis de las cuales se dan a continuación. Haga una pausa y reflexione después de leer cada una:

1. Porque usted ama a su hijo.
2. Porque a usted le importa lo que será su hijo en el futuro.
3. Porque usted desea que su hijo logre el éxito y la felicidad.
4. Porque usted desea que su hijo pronuncie con cariño las palabras "Esa es mi mamá" o "Ese es mi papá."
5. Porque usted desea ser alguien especial en la vida de su hijo.
6. Porque usted desea que su hijo se sienta a gusto consigo mismo al tener éxito en la escuela.

Tal vez usted pueda pensar en otras razones para esforzarse en trabajar con su hijo para adquirir destrezas de estudio. Comparta las destrezas mutuamente. Para llegar a un conocimiento más profundo sobre la relación que tiene con su hijo y la escuela de éste, complete los ejercicios siguientes, ya sea solo o en grupo:

Echele una mano a su hijo

Ponga la mano izquierda en el dibujo de la página siguiente mientras lee los párrafos siguientes.

Las destrezas de estudio pueden ser comparadas a la mano de una persona. La palma de la mano corresponde a un ambiente alentador en la casa y a la actitud positiva de los padres. De la misma manera que la palma sirve de ancla a los dedos, los padres y el hogar son la base motriz de la educación de sus hijos.

Para que la mano funcione eficazmente todos los dedos deben estar en perfecta condición. Para que los niños funcionen eficazmene en la escuela deben ser adiestrados en ciertos hábitos de estudio. El dedo pulgar es el más importante. El dedo pulgar es para la mano lo que la lectura para el éxito escolar. Todo aprendizaje descansa sobre la actividad de leer.

Las destrezas de estudio representadas por los demás dedos son esenciales para que los niños salgan bien en la escuela. Los padres tienen la difícil responsabilidad de asegurar el buen funcionamiento de cada dedo en la mano del "aprendizaje."

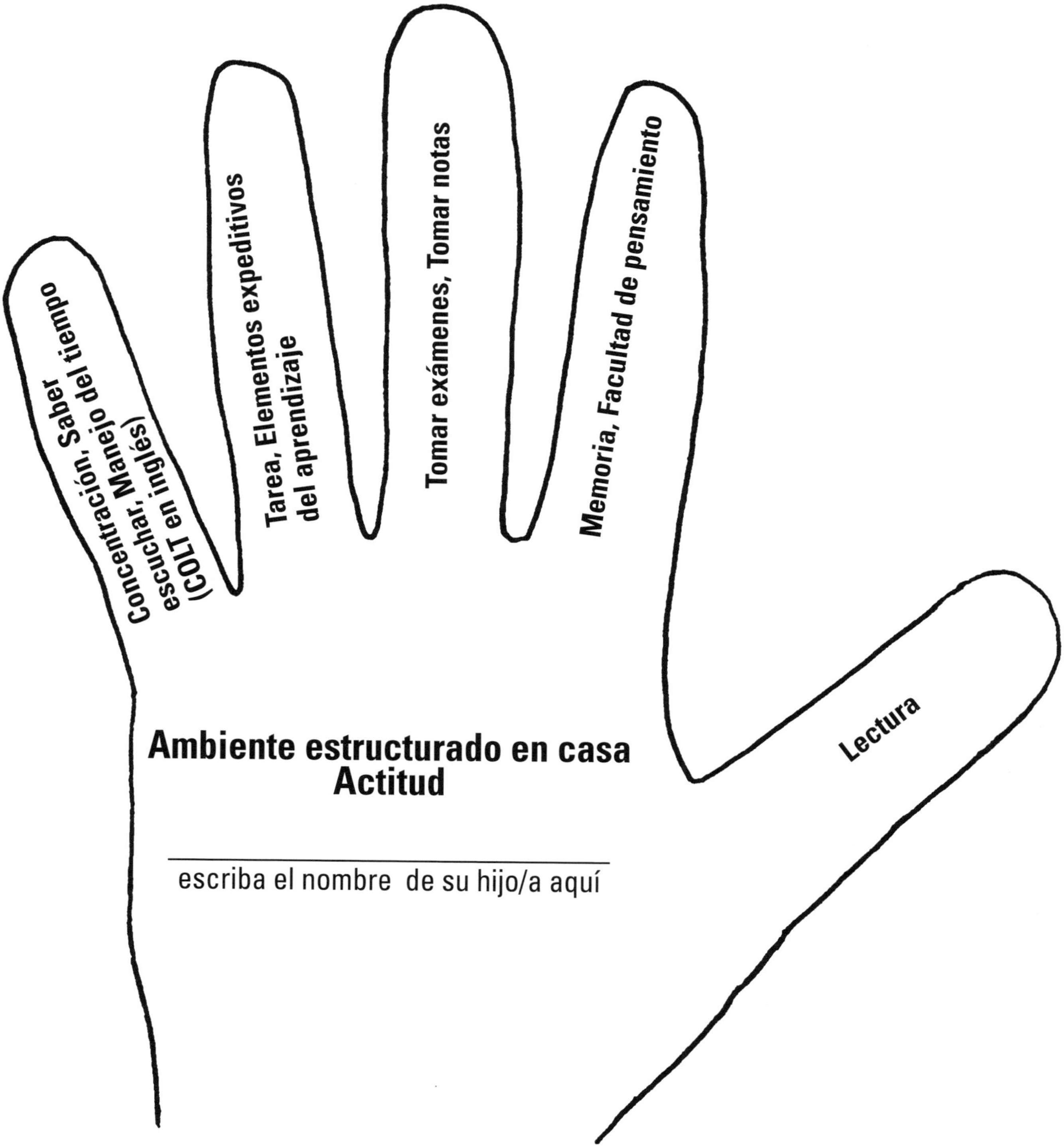
Concentración, Saber escuchar, Manejo del tiempo (COLT en inglés)
Tarea, Elementos expeditivos del aprendizaje
Tomar exámenes, Tomar notas
Memoria, Facultad de pensamiento
Lectura
Ambiente estructurado en casa
Actitud
escriba el nombre de su hijo/a aquí

Introspección de los padres

Resulta valioso comparar las expectativas de los padres, los niños y la escuela. Las relaciones saludables nacen de un mejor conocimiento mutuo. Los padres en particular pueden beneficiarse si analizan las carencias y necesidades que tienen. Después de hacer esto, pueden formular maneras de llenar las necesidades de sus hijos.

Examine los puntos a continuación y comparta las ideas con sus hijos después de llenar los espacios en blanco:

CINCO cosas que sus hijos quieren de usted

1. ______________________________
2. ______________________________
3. ______________________________
4. ______________________________
5. ______________________________

CUATRO cosas que usted quiere de sus hijos

1. ______________________________
2. ______________________________
3. ______________________________
4. ______________________________

TRES cosas que sus hijos esperan de la escuela

1. ______________________________
2. ______________________________
3. ______________________________

DOS cosas que usted espera de la escuela

1. ______________________________
2. ______________________________

UNA cosa que la escuela espera de usted

1. ______________________________

Actitud: Sinopsis

La actitud es un elemento crucial para ayudar a sus hijos en la escuela. Es la fuente para el éxito y la felicidad en la vida. La actitud o postura nace de las imágenes mentales que las personas crean de sí mismas y de los demás. Estas imágenes, que pueden ser positivas o negativas, dictaminan nuestra conducta. Todos tenemos la habilidad de crear imágenes positivas.

A continuación se enumeran cuatro preguntas frecuentes sobre la actitud. Repáselas y discútalas con sus hijos. Tenga en cuenta siempre que los hijos imitan la conducta de los padres en todo, particularmente cuando se trata del aprendizaje.

1. ¿Qué significa la palabra actitud?
   La actitud es un estado mental que implica la forma de ver las cosas. Es una de las pocas cosas en la vida que usted puede controlar.

2. ¿Por qué es importante la actitud?
   La actitud influye su manera de actuar y de sentir, así como también su apariencia y su estado de ánimo. Influye su futuro y el grado en que disfruta de sus hijos y de la vida en general.

3. ¿Cómo puede desarrollar una actitud positiva?
   - Teniendo entusiasmo por la vida.
   - Ayudando a los demás.
   - Respetando y siendo considerado con los demás.
   - Sintiéndose orgulloso de su trabajo y de sus hijos.
   - Aprendiendo y creciendo como ser humano.
   - Siendo bondadoso.
   - Tratando de hacer siempre todo lo que esté a su alcance.

4. ¿Cuáles son las causas que desarrollan una actitud negativa?
   - Criticar y quejarse constantemente.
   - Ver el lado malo de todo.
   - No hacer nada.
   - Negarse a ayudar a los demás.
   - No sentirse orgulloso de su trabajo y de sus hijos.
   - Ser descortés con los demás.
   - No tratar de hacer lo que esté a su alcance siempre.

La tarea de moldear a sus hijos

Los padres son el centro del universo para sus hijos y por eso tienen la oportunidad de moldear a sus hijos. Ray Maloney, un experto en materia de motivación, ofrece varias maneras para criar niños valiosos. Reflexione sobre las mismas, poniendo especial atención en la última:

- Ame a sus hijos.
- Escúchelos.
- Póngales retos que los hagan esforzarse.
- Póngales límites.
- Exíjales respeto.
- Déjelos ser libres.
- Alimente la confianza en si mismos.
- Ayúdelos a ser conscientes de su responsabilidad comunitaria.
- Cultive el amor por aprender.

Se necesita más que amor para hacer que sus hijos sean excelentes estudiantes. Tener un conocimiento del proceso de aprendizaje es también necesario. ¿Cómo puede demostrarles a sus hijos que tiene este conocimiento? Una de las maneras es desarrollando destrezas que ayuden a sus hijos a mejorar sus hábitos de estudio en la escuela. Su hijo va a respetarlo por poseer estas destrezas y lo verá como su guía.

LOS PADRES COMO MOTIVADORES

Alabar a sus hijos puede motivarlos a salir bien en la escuela. Recuerde que el esfuerzo de su hijo, tanto como los logros en el rendimiento escolar, merecen ser reforzados. Usted puede animarlos a que trabajen con más ahínco en la clase por medio de un sincero elogio.

Lo mejor es usar expresiones diferentes para elogiar a sus hijos, ya que el uso repetitivo de las mismas palabras disminuye su efecto. Asimismo, es mejor elogiar con frecuencia siempre que su hijo lo merezca.

Muchos padres motivan a sus hijos a aprender exhibiendo sus trabajos y tareas escolares en el refrigerador, en el espejo, en la pared o mural de la casa. Permitir que sus hijos escuchen una conversación con otras personas sobre lo bien que les va en la escuela obra maravillas en cuanto a la percepción de sí mismos como estudiantes.

En la página siguiente los padres encontrarán expresiones que pueden usar con sus hijos para alentarlos a trabajar más arduamente en la escuela. Añada otras expresiones a la lista que han sido eficaces con sus hijos y compártalas con sus amigos y vecinos.

¡Qué trabajo tan fantástico! ¡Sigue así!

¡Qué buen trabajo!

¡Felicidades; lo has hecho casi todo!

¡Estoy impresionado/a!

Lo que hiciste nos ha gustado.

Reconozco el esfuerzo que has hecho.

Muy bien, has hecho lo mejor que has podido.

¡Así se hace!

¡Eso es sobresaliente!

Todos nos sentimos orgullosos de eso.

Has demostrado un gran progreso.

Me gustó la manera en que trataste el asunto.

¡Espléndido! Lo has comprendido.

Todos estarán orgullosos de ti.

Tu trabajo es maravilloso.

Fue un esfuerzo sensacional de tu parte.

Magnífico y muy agudo de tu parte.

¡Excelente!

¿Qué frases alentadoras encuentra usted que efectan a sus hijos? Escríbalas en este cuadro.

Una carta de amor

Usted también puede alentar a su hijo por escrito. La nota que sigue es un ejemplo de cómo recordarle a su hijo cuánto lo quiere. La nota también le hará saber a su hijo lo importante que es para usted su trabajo escolar. Coloque una nota como ésta en la cama o enel guardarropa de su hijo varias veces durante el año escolar.

Querido/Querida __________________

Esta es sólo una nota para decirte lo mucho que te quiero. Quiero que sepas que espero que salgas bien en la escuela. Aprende todo lo que puedas. Habla conmigo de los problemas de la escuela si necesitas alguna ayuda. Nosotros somos un equipo y podemos trabajar juntos. Eres una persona especial para mí. Nuestra familia está muy orgullosa de ti.

Mami/Papi

Haga que sus hijos lleven la ventaja en la escuela

Algunos piensan que el mayor cambio en el sistema educativo en la segunda mitad del último siglo ha sido la creciente participación de los padres en la vida escolar de sus hijos. Los maestros han tratado de colaborar más estrechamente con los padres en cuanto a la tarea escolar de sus hijos y los administradores de escuelas han abierto las puertas para propiciar una mayor participación de los padres en los asuntos escolares. Hay más libros y revistas que ofrecen sugerencias a los padres para mejorar el proceso de aprendizaje de sus hijos.

Un afiche colocado en una escuela contiene el siguiente lema:

Los Estudiantes Tienen Éxito Cuando Sus Padres Participan en la Escuela. Los Niños de Familias Unidas Llevan Una Ventaja.

Identifique tres maneras en que usted puede hacer que su hijo lleve ventaja en la escuela:

1. ______________________________

2. ______________________________

3. ______________________________

Identifique tres maneras en que usted puede mejorar el aprendizaje de su hijo en la escuela:

1. ______________________________

2. ______________________________

3. ______________________________

ESTUDIE MAS Y MEJOR

La mayoría de los niños no salen bien en la escuela porque no estudian lo suficiente. ¿Por qué no lo hacen? Las razones principales para ello se dan a continuación. El mayor número de estas razones se hallan en la página cinco del libro *Coping with Study Strategies* (*Qué hacer con las estrategias de estudio*), escrito por Gary Bergreen. Aunque el libro se publicó en 1990, su información es aún relevante.

Los padres pueden hacer algo por remediar los siguientes problemas. Analice las razones que se dan a continuación para el fallo de los niños en la escuela y conteste las preguntas para cada una. Los padres deben discutir las respuestas entre ellos.

1. Los niños no se dan cuenta de la importancia del estudio y del trabajo escolar. ¿Qué pueden hacer los padres?

2. Los niños tienen una actitud derrotista. ¿Qué pueden hacer los padres?

3. Los niños piensan que la educación no es importante. ¿Qué pueden hacer los padres?

4. Los niños están muy cansados o fatigados para estudiar. ¿Qué pueden hacer los padres?

5. Los niños no tienen tiempo para estudiar por causa de las amistades, de la televisión y otras actividades. ¿Qué pueden hacer los padres?

6. Los niños no saben estudiar. ¿Qué pueden hacer los padres?

LISTA DE AUTO-EVALUACION PARA PADRES: 20 PASOS A SEGUIR.

Es importante demostrarles a los niños cuánto valora usted la educación. No importa el tipo de estudiante que usted haya sido, usted puede tener un papel importante en el rendimiento escolar de sus hijos. Una evaluación semanal le puede recordar cuáles son sus obligaciones.

Usted puede hacer muchas cosas para que sus hijos tengan éxito en la escuela. Las pequeñas acciones de todos los días pueden poner énfasis en la importancia de la educación y sentar un ejemplo para sus hijos. Para recordar las palabras de Helen Keller, "Se puede hacer casi todo lo que uno quiere si se persevera lo suficiente."

Haga la auto-evaluación siguiente y coloque la lista en un lugar donde la pueda ver siempre. Cada semana identifique un área que tiene que mejorar y relea la aseveración anterior de Helen Keller para darse ánimo.

SI	NO	
____	____	1. Hablo con mi hijo sobre la escuela regularmente.
____	____	2. Tengo una amplia selección de material para leer en casa (libros, revistas, periódicos).
____	____	3. Con frecuencia miro programas de noticias y de eventos especiales con mi hijo.
____	____	4. Ayudo a mi hijo con la tarea frecuentemente.
____	____	5. De vez en cuando le pido a mi hijo que busque la definición de una palabra o alguna información en una enciclopedia.
____	____	6. Designo un lugar especial para que mi hijo estudie.
____	____	7. Llevo a mi hijo a la biblioteca con frecuencia.
____	____	8. Leo delante de mi hijo frecuentemente.
____	____	9. Tengo el hábito de mostrarle a mi hijo artículos o fotografías interesantes en revistas y periódicos.
____	____	10. Asisto a las actividades ofrecidas en la escuela de mi hijo con regularidad.
____	____	11. Hablo con mi hijo de los mensajes que envían de la escuela.
____	____	12. Designo una hora por la noche para que mi hijo haga la tarea.
____	____	13. Me aseguro de que no haya mucho ruido mientras mi hijo hace la tarea.
____	____	14. Constato de que mi hijo no tiene ningún problema de salud, tales como dificultades del oído y la vista, que interfiera con su aprendizaje en la escuela.
____	____	15. Trato de que mi hijo tenga una alimentación balanceada.
____	____	16. Hago que mi hijo descanse adecuadamente para que su rendimiento escolar sea al máximo de su potencial.
____	____	17. Alabo a mi hijo con regularidad tanto por sus logros como por el esfuerzo que desempeña.
____	____	18. Mi hijo tiene una tarjeta de la biblioteca que le animo a usar.
____	____	19. Permito que mi hijo escoja libros de la biblioteca o de la librería que quiere que yo le lea.
____	____	20. Trato de participar en juegos educativos con mi hijo.

CONTRATO DE LOS PADRES

La tarea de inculcarles a nuestros hijos una ética de trabajo sólida es muy seria. Hacer una promesa de llevar a cabo esta tarea está bien, pero comprometernos a desempeñar acciones específicas por medio de un contrato es aún mejor.

Debe hablar con sus amigos y vecinos sobre el establecimiento de un fuerte compromiso para convertirse en un facilitador del aprendizaje. Anímelos para que sienten sus propósitos en un contrato. Un contrato demuestra la sinceridad de parte de los padres en su intento de influir en el aprendizaje de sus hijos. Pueden discutir el contrato a continuación y decidir a quién se lo van a dar. Ponga sus iniciales en el espacio a la izquierda y fírmelo al final.

Contrato de los padres

_____ Seré cariñoso con mi hijo todos los días.

_____ Seré paciente, comprensivo y cariñoso con mi hijo al hablarle.

_____ Limitaré el tiempo que mi hijo invierte en mirar la televisión y le permitiré ver sólo programas adecuados.

_____ Permaneceré al tanto de lo que acontece en la escuela de mi hijo y de lo que éste está aprendiendo.

_____ Haré que mi hijo se acueste a una hora adecuada y que duerma lo suficiente.

_____ Haré que mi hijo se alimente bien y se vista de una forma adecuada para la escuela.

_____ Designaré una hora y un lugar adecuados para que mi hijo haga la tarea todos los días.

_____ Siempre revisaré la tarea de mi hijo para confirmar que la ha completado.

Firma ______________________________

Fecha ______________________________

Actividad 1: Mejoramiento de la actitud de los padres

Repita la siguiente aseveración en voz baja 10 veces:

YO SOY UNA PERSONA IMPORTANTE EN LA VIDA DE MI HIJO.

Actividad 2: Mejoramiento de la actitud de los padres

Coloree las letras de la siguiente oración con una pluma, lápiz o creyón de dibujar. Después, cierre los ojos y reflexione sobre el significado de estas palabras:

YO

PUEDO

HACER QUE

LAS COSAS SEAN

DIFERENTES.

Actividad 3: Mejoramiento de la actitud de los padres

EL APRENDIZAJE DE SU HIJO DEPENDE DE *USTED*

Por favor complete el siguiente crucigrama. Se da la primera letra de cada palabra. Use las respuestas para iniciar una discusión sobre la función de los padres en el aprendizaje de los niños. Discuta las siguientes preguntas con sus amigos y vecinos:

- ¿Cómo se benefician los niños cuando los padres los ayudan en la escuela?
- ¿Qué piensan los demás de los padres que se esfuerzan para que sus hijos hagan lo mejor que pueden en la escuela?

HORIZONTALES

3. Los primeros maestros de los niños
4. Nuestro tesoro más preciado
7. Ayuda a desarrollar la moral y los valores
8. La unidad social básica en nuestra sociedad
9. Lo que todo niño necesita

VERTICALES

1. Templa la conducta
2. Es necesaria para una buena calidad de vida
5. La destreza más importante en la escuela
6. El número de los mandamientos en la Biblia

RESPUESTAS

HORIZONTALES

3. Padres
4. Hijos
7. Religión
8. Familia
9. Amor

VERTICALES

1. Lectura
2. Disciplina
5. Educación
6. Diez

PASS Taller/Módulo 2

El ambiente en la casa

GUIA DE ESTUDIO PARA LOS PADRES 2

ENFOQUE	Convertir una parte de la casa en un lugar de estudio
PROPOSITO	Averiguar lo que se tiene que hacer para transformar un lugar en la casa en un lugar de estudio para su hijo
DESTREZA	Designar un lugar especial para que su hijo estudie
REFLEXION	Compartir sus ideas, antes y después de esta lección, sobre un área de estudio especial para su hijo

Antes:

Después:

COMO PROVEER UN AMBIENTE EN CASA QUE SIRVA DE APOYO PARA EL APRENDIZAJE

Un ambiente de estabilidad en la casa es fundamental para el mejoramiento en el aprendizaje de los niños. Los padres deben proveer un hogar que estimule a sus hijos, tanto física como moralmente, en el aprendizaje. Un hogar estructurado para que los niños puedan estudiar acrecentará notablemente sus posibilidades para tener éxito en la escuela.

Durante su crecimiento, los niños pasan gran parte del tiempo en la casa. La casa se convierte para ellos en un hogar donde viven y comparten en familia. Rara vez los niños consideran la casa como un lugar donde aprender y piensan que el estudio y el aprendizaje son actividades para la escuela, la biblioteca o la iglesia. La casa es para ellos el lugar donde comen, duermen, juegan, ven televisión y se divierten. Los niños se percatan de que la casa es un lugar donde se estudia cuando se les pide que hagan tarea allí. Sin embargo, cuando no tienen tarea frecuentemente los niños se inclinan menos a considerar la casa como un lugar de estudio.

Los padres deben cultivar en sus hijos el respeto por el potencial intelectual que representa el hogar. La casa ocupa un primer lugar de importancia para los niños, un lugar donde aprenden actitudes y hábitos de estudio. No importa cuán humilde sea la casa, ésta puede ser un palacio para la educación y el aprendizaje de un niño si los padres se esfuerzan para que así sea.

CONVIERTASE EN UN ARQUITECTO DEL APRENDIZAJE

Todo padre puede convertirse en arquitecto del aprendizaje. Todo lo que tienen que hacer es volver a organizar ciertas áreas en la casa. Las personas decoran y remodelan las casa para los días feriados o fiestas. Se puede hacer lo mismo para promover el aprendizaje, que es lo más importante que puede hacer un padre por sus hijos. Los seis pasos que se señalan a continuación son sugerencias para lograr convertir su casa en un lugar de estudio.

Paso 1: Designe un área, cuarto o espacio de la casa como Area Especial de Estudios (AEE). Esta área de estudios puede ser permanente o temporal.

- **Arreglo permanente.** Si usted dispone de suficiente espacio en su casa que pueda ser transformado en un área de estudios, conviértalo en un centro de estudios permanente. Un dormitorio o una salita de estar son sitios ideales. Comuníqueles a todos los miembros de la familia que un área específica, designada como un AEE, debe ser utilizada sólo para estudiar durante ciertas horas.

- **Arreglo temporal.** En la casa de una familia numerosa a los padres con frecuencia les resulta difícil encontrar un área callada para que sus hijos estudien. Si este es el caso o si vive en una casa pequeña donde no puede disponer de un área como lugar de estudio permanente, improvise lo mejor que pueda. Reorganice los muebles para crear un área aislada que sirva como área de estudios para su hijo. Los muebles se pueden colocar en el lugar de siempre cuando su hijo haya terminado la tarea.

  Otra opción es moldear un pedazo grande de cartón o de madera laminada para que sirva de divisorio portátil. La idea es utilizar algún tipo de material que se pueda erigir y desarmar con facilidad. Con el objeto divisorio se puede clausurar parte de un dormitorio o sala para que su hijo estudie. Cuando sea posible, utilice cajas de guardar muebles que se pueden doblar y colocar alrededor de los muebles para proveer un poco de privacidad. Su hijo podría colorear y decorar las cajas.

Paso 2: Dele importancia al Area Especial de Estudios (AEE) de su hijo.

- Cuando haya identificado el área de estudio de su hijo, deberá hacer ver la importancia de la misma. Ambiente y amenice el área. Haga ver de alguna manera el tipo de actividad que se desarrolla en dicha área. Haga afiches y letreros para colocar en las paredes, muebles o divisorios de cartón en el AEE de su hijo. Anime a su hijo a decorar el lugar y a buscarle un nombre llamativo al lugar. Algunos ejemplos de nombres son los siguientes:

Corral de Estudios de Julio	Centro Cerebral de Tomás
Gleba de Aprendizaje de Cintia	Cuarto de Inteligencia de Ana
Lugar para Pensar de Sara	Chalet de Estudios de José
Lugar de Silencio de Linda	Retiro para Estudiar de María
Choza de la Excelencia de Héctor	Taller de Maquinarias de Juan
Cabaña de Trabajo de Benjamín	¡Silencio!: Zona de Estudios de Andrea

O, también puede escoger estos otros:

"Persona célebre trabaja"	"Un genio trabaja"
"Una mente ocupada"	"Un lugar de acontecimientos"
"Cuarto con poder de estrella"	"La Finca del Aprendizaje"

Paso 3: Identifique y elimine los enemigos del aprendizaje en su casa.

- En cualquier casa los niños están expuestos a situaciones que les dificultan el estudio. Para poder convertir la casa en un lugar conducivo al aprendizaje, los padres deben fijarse en cinco condiciones que influyen el aprendizaje. Estas situaciones se pueden resumir con las siglas VERTIT:

  VE Ventilación

  R Ruido

  T Temperatura

  I Iluminación

  T Tráfico

- La buena ventilación, la temperatura adecuada y la luz son esenciales para la buena salud. Los padres no pueden exigirles a sus hijos que se concentren en la tarea si en el área de estudios hay una pobre circulación de aire, o si es un lugar o muy frío o muy caliente. Asimismo, un cuarto pobremente iluminado puede distraer al niño y causarle dolores de cabeza al tener que forzar la vista.

- Tal vez el peor enemigo del aprendizaje en casa es el ruido. Los niños necesitan silencio para hacer trabajos mentales. Trate de eliminar o al menos de disminuir el ruido mientras los niños estudian. Algunos de los ruidos comunes que obstaculizan el estudio se dan a continuación:

  Televisión

  Radio

  Discos compactos, cintas magnetofónicas

  Lavadora de platos/máquina de lavar/secadora

  Ladrido de perros

  Teléfono

  Niños jugando, adentro o afuera

- Existe la otra cara del ruido. La música clásica y calmada puede ayudar a crear un ambiente propicio para el estudio. Este ha sido un tema tratado continuamente en muchos estudios. Para descubrir cuáles son la melodías que tienen una influencia benéfica en el aprendizaje, los padres deben exponer a sus hijos a una variedad de música mientras están estudiando. De este modo los padres pueden identificar la clase de música que puede servir de herramienta para el aprendizaje de sus hijos.

- Si se les permite ver la televisión para entretenerse a los niños más pequeños, el volumen debe estar bajo. (Para más información sobre este tema lea la sección "Hable francamente sobre la televisión" en este manual). Hable en voz baja si tiene que utilizar el teléfono. Si hay otros niños en casa, haga que jueguen lejos del niño que está estudiando y recuérdeles que no deben hacer ruido. Puede ser de utilidad colocar un cartel que diga "Silencio" en el AEE de su hijo.

- Otro enemigo del aprendizaje en casa es el tráfico de personas. Los padres deben estar al tanto de cuáles son los lugares en la casa con más movimiento. Sitúe el AEE de su hijo en un lugar apartado de estos sitios. El saloncito de estar, el cuarto donde está la televisión, la mesa del comedor y el refrigerador son lugares muy frecuentados en una casa. En lo posible, el área de estudios de un niño nunca debe estar cerca de uno de estos puntos magnéticos de la casa.

Paso 4: Abastezca el AEE de su hijo con materiales y equipo de estudio.

❖ Trate de abastecer el área de estudios de su hijo con todo lo necesario para estudiar para que su hijo no tenga que dejar su AEE para buscar algo. Use la siguiente lista para asegurarse que su hijo disponga de estos materiales. Si su hijo tiene un rápido acceso a estos materiales, no tendrá una excusa para interrumpir su labor:

__ papel	__ tijeras	__ regla	__ presilla de papel
__ lápices	__ cinta adjesiva	__ grapadora	__ sacapuntas
__ calendario	__ diccionario	__ enciclopedias	__ goma de borrar
__ lámpara	__ mesa	__ silla	__ estante de libros

❖ Su hijo no necesita una silla de cojín muy suave, ni un teléfono ni un televisor para estudiar eficazmente, por lo que no debe proveer estos objetos. En cambio, coloque en la mesa una caja o bandeja para guardar la tarea. Coloque también un buzón con el nombre de su hijo en la mesa para dejarle mensajes, así como también cualquier correspondencia que su hijo reciba. Esto añade un toque profesional al área de estudios.

Paso 5: Con la ayuda de su hijo, coloque rótulos en las gavetas o cajones, estantes y archivadores en el AEE.

❖ Es posible que en algunas casas no haya archivadores ni estantes de libros. En este caso, los padres pueden utilizar cajas de cartón o de plástico o muebles improvizados para guardar los materiales de la escuela.

❖ Los padres pueden estar al tanto para ver si encuentran estantes de libros deshechados, madera vieja o muebles de segunda mano en ventas en casa privadas o en anuncios de oferta para compradores. Estos objetos resultan muy baratos por lo general. Reclute a su hijo para ayudarlo a poner rótulos en un archivador para matemáticas, gavetas para los exámenes, estante de libros para su uso personal o un estante para ciencias.

Paso 6: Cree un sistema para organizar las asignaciones de la escuela.

❖ En algunas casas hay archivadores que se pueden utilizar para organizar los papeles de la escuela. En otras casas no hay dinero para comprar uno. En este caso, los padres pueden hacer un archivador de cajas viejas. Por otro lado, también pueden comprar portafolios de distintos colores para guardar los papeles de cada asignatura. Por ejemplo:

Rojo:	Artes linguísticas (lectura, ortografía, etc.)
Azul:	Matemáticas
Marrón:	Ciencias
Verde:	Ciencias sociales

También se puede utilizar un sistema de siglas para archivar los papeles según asignaturas. Por ejemplo:

AL para Artes linguísticas	Cienc. para Ciencias
Mat. para Matemáticas	Cienc. Soc. para Ciencias sociales

Este simple procedimiento le enseñará al niño unas destrezas para organizar el trabajo de la escuela. Estas destrezas se pueden aplicar también en el salón de clase.

El principal objetivo de restructurar la casa para el aprendizaje es crear una atmósfera que motive a los niños a estudiar. La motivación para salir bien en los estudios está ligada a la eficacia con que los padres condicionan la casa para enseñarles a los hijos buenos hábitos de estudio.

Ejercicio 1 para los padres

- Dibuje un mapa de su casa. Note dónde están los muebles y aparatos útiles más importantes, colocando una **X** al lado de aquéllos que pueden interferir en el aprendizaje de su hijo. Piense en cómo manejar estas distracciones.

Ejercicio 2 para los padres

- Remodele la casa para acondicionarla más propiciamente para el aprendizaje de su hijo. En el mapa que dibujó, señale los muebles que puede mover de lugar y los objetos que puede utilizar en el área de estudios de su hijo. Asegúrese de que su diseño vaya con la estructura de su casa para que pueda ser implementado con facilidad.

CONOZCA LOS HABITOS DE APRENDIZAJE Y DE ESTUDIO DE SUS HIJOS

Un paso hacia el mejoramiento de las destrezas de estudio es el análisis del niño de su aprendizaje o hábitos de estudio. Al hacer la evaluación su hijo se puede enfocarse en los puntos fuertes y en los débiles.

Los padres deben ayudar a sus hijos a completar el siguiente cuadro y animarlos a que expliquen las diferencias entre los dos respecto a sus hábitos de estudio. Cualquier discrepancia entre las expectativas y el rendimiento real del estudiante debe ser corregida.

	El lugar que ocupo entre los alumnos de mi clase es . . .						Me gustaría ocupar el siguiente rango . . .				
Area	**Entre el 10% más alto**	**En el 50% más alto**	**En el 50% más bajo**	**En el 10% más bajo**	**No sé**		**Entre el 10% más alto**	**En el 50% más alto**	**En el 50% más bajo**	**En el 10% más bajo**	**No sé**
Hábitos de estudio											
Nivel de lectura											
Comprensión de lectura											
Escritura											
Ortografía											
Gramática											
Vocabulario											
Matemáticas											
Ciencias											
Ciencias sociales											
Gimnasia/Educación física											
Cumplimiento de tareas											
Manejo del tiempo de estudio en clase											
Escuchar											

HABLE FRANCAMENTE SOBRE LA TELEVISION

La televisión se ha vuelto un símbolo de la cultura americana. Hay pocas instituciones en nuestro país que hayan sido estudiadas con mayor detenimiento que la televisión respecto al impacto que ejercen en los niños. Todos los medios de comunicación en realidad han llegado a ocupar una gran parte de la vida de los niños. Un estudio conducido en 1999 por Kaiser Family Foundation (Fundación Kaiser para las Familias) arrojó que 3,000 niños entre la edad de 2 a 18 años invierten cerca de seis horas al día utilizando los medios de comunicación. Los medios incluídos en la investigación fueron la televisión, las computadoras, incluyendo juegos de computadoras, música grabada, material de lectura y la radio. Esta lista enumera los medios en orden de preferencia de los niños, quedando en primer lugar la televisión y en último lugar, la radio.

Según resultados del estudio de Kaiser Family Foundation, el promedio de televisores en cada casa es tres. Un tercio de los niños menores de 8 años y dos tercios de los niños mayores de 8 años tienen un televisor en su dormitorio. Se pueden aprender dos importantes lecciones de este estudio. La primera es que el uso del medio televisivo aumenta cuando los niños se hacen mayores. Algunos niños entre los 8 y los 18 años de edad invierten más de 10 horas diarias en todos los medios de comunicación. Segundo, la televisión aventajó grandemente a los demás medios en la preferencia de los niños. A pesar de la popularidad de las computadoras, éstas no son tan populares como la televisión. La lectura ocupó el penúltimo lugar en la preferencia de los niños. Si usted desea que la lectura sea el pasatiempo preferido de sus hijos, comience desde muy temprano a privilegiar esta actividad sobre la televisión. En base a los resultados arrojados por el estudio de Kaiser, sería conveniente que los padres tomaran las siguientes medidas:

1. Sacar el televisor del dormitorio de su hijo.
2. Establecer reglas razonables para limitar el uso de la televisión.

La televisión es un gran medio de información y de entretenimiento. Sin embargo, puede interferir enormemente en al aprendizaje. Puede ser un gran aliado del aprendizaje si se usa sabiamente o su peor adversario. Por un lado, la televisión puede ser una manera de reunir a la familia y proveer entretenimiento a la vez que instruye por medio del uso de colores, gráficos y movimiento. En la televisión se ofrece cada año una variedad de fascinantes programas educativos. Los padres deben mirar y discutir estos programas con sus hijos.

Por otro lado, la televisión puede ejercer una influencia negativa a través de la violencia y de comerciales poco instructivos, ya que ni lo uno ni lo otro desarrolla el nivel intelectual del niño. Un estudio conducido en 1992 por American Psychological Association (La Asociación Americana de Psicólogos) arrojó que antes de terminar la escuela primaria, un niño habrá presenciado a través de la televisión 8,000 asesinatos y otros 100,000 incidentes de violencia. Estas cifras ascienden a 40,000 asesinatos y 200,000 actos de violencia para un niño de 18 años.

Lo más aterrador es el "tiempo de separación" que aqueja a las familias americanas, ya que los miembros de una familia no pasan suficiente tiempo juntos. En unos artículos de periódicos en 1999 David Walsh, del National Institute on Media and the Family (Instituto Nacional sobre Medios de Comunicación y la Familia), calculó que el tiempo que los niños pasan mirando televisión y juegos de videos es once veces mayor que el tiempo que pasan con sus padres. Walsh arguye que la violencia, el sexo y otros vicios representados en la televisión, el cine y las computadoras surten un efecto retardante en el cerebro de los niños que los ven diariamente. Por ello, los padres deben tener siempre en cuenta lo siguiente:

SEAN CELOSOS GUARDIANES DE LO QUE SUS HIJOS VEN Y DE COMO INVIERTEN EL TIEMPO.

La mala calidad de los programas de televisión ha sido ampliamente reconocida como un serio problema para los niños. En 1990 el congreso de los Estados Unidos pasó una ley al respecto: Children's Television Law (Ley de Televisión para Niños). Esta ley limita el tiempo empleado en comerciales a 12 minutos por cada hora de programación infantil de lunes a viernes, reduciendo este tiempo 1 minuto y medio más durante los fines de semana. La ley también exige que los programas para niños contengan algún valor educativo. Una cadena televisiva corre el riesgo de perder la licencia de programación si no cumple este requisito. Muchos críticos dudan que estas medidas hayan mejorado la calidad de los programas infantiles.

Mirar televisión puede resultar en la pereza física y mental de los niños, ya que impide actividades como la lectura, la conversación y la reflexión. Del mismo modo, la televisión interfiere en el hábito de dormir, con la comida, los pasatiempos y el trabajo escolar. Sobre todo, gran parte de la programación televisiva puede llevar a una conducta antisocial entre niños. No es de sorprenderse que muchos educadores hayan dado el grito de alarma contra la influencia corruptora de la televisión.

Las falsas expectativas promovidas por la televión representan un peligro real. La televisión es principalmente una industria de entretenimiento. Las escuelas, en cambio, constituyen una empresa educativa. La televisión puede llegar a malcriar a los niños, haciéndoles creer que la escuela debe ofrecer el mismo tipo de entretenimiento que la televisión. Los niños catalogan a las escuelas de aburridas al compararlas con la televisión. Los maestros naturalmente se enfrentan a la tarea ardua de competir con el mundo artificial y lleno de acción de la televisión. La televisión, contrario a la escuela, es una actividad pasiva en la que los televidentes no tienen que mover ni un dedo.

El popular guardián de la televisión, el Instituto Nacional sobre Medios de Comunicación y la Familia, incluye en su sitio en el Web numerosos estudios en los que se acusa a la televisión de malgastar el tiempo de los niños y de ensalzar la violencia (vea el siguiente sitio en el Web: www.mediafamily.org). Los estudios en este sitio revelan que el niño promedio entre 2 y 11 años de edad, mira la televisión al menos 28 horas a la semana. Cuando llegue a la mitad de su adolescencia, un niño habrá mirado un total de 15,000 horas de televisión.

Dado estas cifras no es sorprendente que la televisión haya asumido el cargo de criar a un gran número de niños. Algunos niños le prestan más atención a la televisión que a sus propios padres. Pasan más tiempo viendo la televisión que hablando con sus familiares. Estos niños obtienen su conocimiento principalmente de la televisión. Muchos forjan su conducta y sus valores y actitudes basándose en lo que ven en la televisión. En resumidas cuentas, la televisión se convierte en el padre postizo y en la maestra substituta de los niños.

La mayoría de las familias no tienen reglas para controlar el tiempo en que los niños ven la televisión. Todos los padres deben sentar estas reglas. Dos de ellas son particularmente importantes. Una es la identificación de los programas estrictamente prohibidos, tales como los que muestran sexo y violencia gratuitamente.

La segunda regla debe basarse en las preguntas de "¿cuándo?" y "¿cuánto?." Es razonable que los padres limiten el tiempo que los niños invierten mirando la televisión durante los días de clases. Los padres deben hacer que sus hijos hagan lo siguiente:

1. Pasar más tiempo haciendo la tarea que mirando la televisión durante los días de clase.
2. Completar la tarea y otras asignaciones escolares antes de mirar la televisión durante un largo período.

La televisión le roba tiempo a la labor escolar. ¿Sabe usted cuánto tiempo pasa su hijo fascinado por la "caja idiota"?

Lleve una cuenta de las horas que su hijo mira la televisión y anótelas en el cuadro de la página siguiente.

RELACION DIARIA DEL TIEMPO INVERTIDO EN LA TELEVISION

Nombre del niño ______________________________

Días de la semana ______________________________

PROGRAMAS VISTOS	TIEMPO INVERTIDO EN LOS PROGRAMAS				
	1 hora	2 horas	3 horas	4 horas	5 horas o más
lunes					
martes					
miércoles					
jueves					
viernes					
sábado					
domingo					

Los programas televisivos pueden estar guiados por lo siguiente:

- comedia
- crimen
- programas cómicos sobre la vida familiar
- investigación
- música
- noticias e información
- sexo
- comunicación y conversación
- violencia

Total de horas invertidas en la televisión __________

Análisis de la clase de programas que su hijo ha visto

____

____

____

____

____

____

____

____

____

PASS Taller/Módulo 3

Destrezas de estudio (COEM—COLT)

GUIA DE ESTUDIO PARA LOS PADRES 3

ENFOQUE COEM: Las destrezas de concentración, escuchar y manejo del tiempo son la base de un aprendizaje eficaz (COLT en inglés)

PROPOSITO Adquirir conocimiento sobre COEM y el impacto que tiene en el aprendizaje

DESTREZA Buscar estrategias para ayudar a que su hijo se concentre, escuche y sepa manejar el tiempo en clase

REFLEXION Compartir sus ideas sobre COEM antes y después de esta lección

Antes:

Después:

LO QUE LOS PADRES DEBEN SABER SOBRE LA CONCENTRACION, EL SABER ESCUCHAR Y EL MANEJO DEL TIEMPO

¿QUE ES LA CONCENTRACION?

La concentración es un atajo en el camino hacia el aprendizaje. Es una destreza que cualquiera puede adquirir y agudizar a través de la práctica.

Concentrarse quiere decir prestar atención, poder pensar sin distracciones, ensimismarse en una actividad y mantener el interés en algo durante un largo período de tiempo. Algunos niños tienen un gran poder de concentración, pero otros no. A estos últimos se les dificulta concentrarse en una cosa por mucho tiempo.

¿CUALES SON LAS CAUSAS PARA LA FALTA DE CONCENTRACION?

Para muchos padres es alarmante que sus hijos no tengan la capacidad de prestar atención. Lo mismo les ocurre a los maestros. Estos notan con frecuencia que los estudiantes se dan con facilidad al fantaseo. El problema de la falta de atención de los estudiantes entorpece el aprendizaje en cualquier lugar. Las causas de este problema pueden ser físicas o ambientales.

Causas físicas

Los niños con un serio problema de concentración pueden sufrir de algún desorden físico. Este desorden es causado por una abnormalidad del cerebro conocida como déficit de atención por trastornos de hiperactividad (DATH o ADHD en inglés). Conocido comúnmente como hiperactividad, este trastorno afecta de un 3% a un 5% de niños.

La más leve distracción, el trinar de un pájaro o el paso de un atomóvil por ejemplo, interrumpe la concentración de un niño con trastornos de hiperactividad. Esta puede ser la razón por la que un niño tiene problemas de conducta en la escuela o recibe malas notas. Los medios para tratar este problema van desde la medicación a la modificación de conducta y la terapia. Han surgido grupos de apoyo en todo el país para niños con hiperactividad constituidos por padres y maestros. Los padres pueden ponerse en contacto con un grupo en sus inmediaciones si necesitan información o consejo en esta materia.

Los niños que sufren de hiperactividad tienen que esforzarse mucho en la escuela. Tienden a ser intranquilos, a tener demasiada energía y meterse en cosas que no deben, y tienen mucha dificultad para concentrarse. Los niños con trastornos de hiperactividad tienen que hacer la tarea cuando no están con sus amigos, en un lugar callado, con el mínimo de distracciones y bajo la estrecha supervisión de los padres o maestros.

Los padres no deben culparse a sí mismos si los problemas de concentración de su hijo son causados por trastornos de hiperactividad. Este problema no es el producto de la mala crianza por parte de los padres. Los padres deben consultar un médico si sospechan que la falta de concentración de su hijo tiene una causa física.

Causas ambientales

La falta de concentración de la mayoría de los niños se debe al ambiente y al hábito. La vida de los niños está llena de distracciones. En casi todos los lugares los niños estson constantemente bombardeados por una diversidad de estimulantes: televisión, música, amigos, fiestas, tráfico—la lista sigue. La concentración es la habilidad de poder hacer a un lado las distracciones. Muchos niños no han aprendido a hacer esto.

¿QUE PUEDEN HACER LOS PADRES PARA ELIMINAR LAS DISTRACCIONES?

Enseñarles a los niños a echar a un lado las distracciones y enfocarse en lo que están aprendiendo exige tiempo y paciencia. Desarrollo de la habilidad de concentración de un niño se da por fases. La fórmula que sigue ofrece a los padres estrategias necesarias para acrecentar el poder de concentración de sus hijos. Trabaje en cada fase por separado y sin prisa.

Fase 1: Identifique cuáles son las distracciones en la casa.

❖ Por ejemplo, como "ruido" se pueden identificar el ladrido de los perros, la televisión, la radio, la lavadora de platos, la lavadora de ropa y el teléfono.

ansiedad	hambre	estrés
visita	luz	temperatura
fatiga	ruido	____________________
peleas	hermanos	____________________
amigos	merienda/comida	____________________

Ponga un círculo alrededor de las distracciones que puede resolver. Ponga una **X** al lado de las distracciones que no puede resolver.

Fase 2: Identifique cuáles son las distracciones en las clases de su hijo.

❖ Obtenga esta información a través de su hijo, sus compañeros de clase y amigos u otros padres cuyos hijos estén en las clases de su hijo.

Distracción 1. ____

Distracción 2. ____

Distracción 3. ____

Distracción 4. ____

Distracción 5. ____

Ahora que usted conoce las cosas que pueden interferir en el aprendizaje de su hijo, piense en lo que puede hacer para eliminar estas distracciones y prosiga a la fase 3.

Fase 3: Describa las maneras en que podría eliminar las distracciones en la casa y en la escuela.

Contra las distracciones en casa puedo hacer lo siguiente:

1. ______________________________

2. ______________________________

3. ______________________________

4. ______________________________

Contra las distracciones en la escuela puedo hacer lo siguiente:

1. ______________________________

2. ______________________________

3. ______________________________

4. ______________________________

La última fase para desarrollar las destrezas de concentración en los niños requiere el mayor tiempo. Implica el uso de estrategias específicas por parte de los padres al trabajar estrechamente con sus hijos. Más abajo encontrará una lista de estrategias que los padres pueden implementar para acrecentar el nivel de concentración en sus hijos. Algunas de estas ideas se encuentran en la página 9 del libro *Coping with Study Strategies,* 1990 (*Qué hacer con las estrategias de estudio),* por Gary Bergreen. Bergreen se refiere a estas estrategias como "Study Warm-Ups" o "Ejercicios de calentamiento para el estudio."

Fase 4: Utilice ejercicios dirigidos por los padres para mejorar las destrezas de concentración de su hijo.

❖ Haga un juego de la tarea de desarrollar la concentración para que sus hijos cooperen. Haga los siguientes juegos con sus hijos frecuentemente.

Juego 1: Siéntese en una silla y haga un repaso visual del cuarto donde se halle. Pregunte: "¿Qué hay en esta habitación?" Luego cierre los ojos y trate de recordar y de nombrar los objetos en la habitación. Cuando termine, anote los objetos que recordó en un papel. Entonces mire alrededor para ber ver los objetos que recordó y los que olvidó. Repita el juego para ver si puede recordar más objetos que la vez anterior.

Juego 2: Recite tantos colores como pueda en el espacio de 30 segundos. Puede hacer lo mismo con el nombre de los estados, títulos de canciones, animales peludos, cantantes de música pop, futbolistas o cualquier otra cosa.

Juego 3: Cuente los objetos de una fotografía o ilustración de un libro que comiencen con las letras "ch" y que terminen en "-ción" o "-sión."

Juego 4: Identifique las cosas buenas que le pasan a las personas en las tiras cómicas o en los periódicos y después identifique las cosas malas que les pasan.

Juego 5: Abrace a su hijo, déle algún premio o regalo o algún privilegio especial por describir el olor de algo que usted esté cocinando o identificar el sabor de alguna comida nueva, o por describir lo que ven cuando van para la escuela o lo que escuchan en la calle.

Juego 6: Haga una especie de concurso para ver cuánta información puede aportar su hijo sobre las siguientes cosas, invitándolo a dar muchos detalles:

- una experiencia
- un amigo o amiga
- un juguete o un juego
- lo que aprendió ese día en la escuela
- una foto, afiche o letrero que haya visto recientemente

Juego 7: Haga que su hijo trate de hacer dos cosas a la misma vez. Es muy difícil concentrarse cuando hay que hacer varias cosas al mismo tiempo. Practicar una actividad como ésta puede reforzar el poder de concentración de una persona. Haga los siguientes ejercicios con un amigo o vecino y después intente hacerlos con sus hijos:

- Trate de escribir el alfabeto de atrás hacia adelante, o los meses del año del último al primero, o los números del 50 al 1. También puede intentar recordar las principales fechas feriadas de los Estados Unidos, comenzando con el mes de diciembre en orden regresivo hasta enero.
- En equipos de dos personas, los padres deben hablarse simultáneamente uno al otro sobre lo que hicieron el día anterior. La conversación simultánea debe durar 60 segundos. Ponga una alarma para saber cuándo se termina el tiempo. Cada uno de los padres debe repetir lo que el otro le dijo.

❖ La Asociación Americana de Automovilistas (American Automobile Association o AAA) ha publicado un diverso material educativo que puede aumentar el poder de observación y las destrezas de concentración de su hijo mientras viaja en el automóvil con usted. Estas publicaciones son *Truck Games, Road Signs Game y Travel Activity Book (Juegos de camiones, Juego de letreros en las carreteras y Libro de actividades para viajes).* Este material contiene actividades educativas sobre viajes, mapas, la lengua y la geografía. Se pueden comprar a un costo mínimo en cualquier oficina local de la AAA.

UN REPASO SOBRE LA CONCENTRACION

Los niños pueden mejorar su poder de concentración de la misma manera que se convierten en mejores músicos y jugadores de baloncesto: practicando. Los padres tienen la responsabilidad de hacer que sus hijos ejerciten su poder de concentración. Pueden hacer que concentrarse sea más fácil para sus hijos si recuerdan las siguientes advertencias:

Advertencias sobre la concentración

1. Haga que su hijo estudie en el mismo lugar todos los días para que el estudio se vuelva una rutina.

2. Haga que su hijo estudie en un lugar callado; la soledad acrecienta la concentración.

3. Transforme una habitación de la casa en un "centro de estudio," equipándolo con materiales para la escuela.

4. Recuerde que

   ❖ un área de estudios debe tener ventilación, luz y temperatura adecuadas.

   ❖ un área de estudios debe permanecer despejada y sin ruido y distracciones.

5. Recuérdele a su hijo que apoye y eleve libros y materiales de lectura. Cuando un libro se coloca en una posición elevada, la lectura y la comprensión resultan más fáciles.

6. Inste a su hijo a estudiar una materia a la vez. Recuérdele terminar una tarea antes de empezar otra. Permítale merendar o hacer una llamada a un amigo sólo cuando haya terminado la primera tarea.

7. Anime a su hijo a beber y comer algo y a descansar antes de ponerse a estudiar. Es difícil concentrarse cuando se tiene sed y hambre y cuando se está cansado.

8. Acostúmbrese a preguntarle a su hijo las razones para estudiar una lección. Insista en que le explique el propósito, como por ejemplo averiguar las causas de la guerra civil para la clase de ciencias sociales o aprender a sumar números de dos dígitos para la clase de matemáticas.

DESTREZAS PARA ESCUCHAR DEBIDAMENTE

Saber escuchar está estrechamente unido a la concentración. Su vital importancia para el aprendizaje ha llevado a que ciertos estados y escuelas les requieran a los maestros examinar a los estudiantes en estas destrezas. Es necesario poder concentrarse para escuchar debidamente. Gran parte de lo que se aprende en las escuelas es a través del oído. Muchos niños salen mal en los estudios porque no saben escuchar.

Es importante que los padres hagan examinar a sus hijos por un especialista antes de que vaya a la escuela para determinar si tiene algún impedimento físico. Su hijo debe ser examinado de vez en cuando a través de sus años escolares. Poder oír es importante para escuchar bien y para obtener el éxito académico.

Oír no es lo mismo que escuchar. El hecho de oír las palabras pronunciadas por otros no implica que el mensaje haya sido comprendido. Escuchar lleva práctica y concentración, oír no. Escuchar implica esfuerzo, oír no. Por último, escuchar requiere la participación activa del oyente, oír no.

A los niños con frecuencia se les acusa de no prestar atención en clase. No escuchar en clase afecta negativamente los estudios. Si los padres cumplen con la tarea de agudizar en sus hijos las destrezas para escuchar, les harán más fácil la tarea de escuchar en clase.

CINCO REGLAS DE LOS PADRES SOBRE EL HABITO DE ESCUCHAR

Hay cinco reglas por las que los padres se pueden guiar en su esfuerzo por mejorar las destrezas para escuchar en sus hijos. Estudienlas con cuidado antes de implementarlas en casa.

Regla 1: Hable sobre la importancia de escuchar atentamente en la escuela.

a. De qué manera se beneficia el niño al saber escuchar:

- ❖ El niño comprenderá lo que sucede a su alrededor.
- ❖ El niño aprenderá en clase y sacará buenas notas.
- ❖ El niño no cometerá errores en los deberes escolares.
- ❖ El niño tendrá amigos y les caerá bien a los demás, ya que a todos nos gusta que nos escuchen con atención.

b. De qué manera se perjudica un niño al no saber escuchar:

- ❖ El niño no podrá comprender lo que sucede.
- ❖ El niño no aprenderá en clase y sacará malas notas.
- ❖ El niño podría cometer graves errores y ocasionarse algún daño. (Por ejemplo, si un niño deja de tomar una medicina cuando está enfermo, podría ponerse peor).

c. Las razones para escuchar:

Escuchar es una de las cuatro destrezas de la comunicación. Las otras son leer, escribir y hablar. Escuchar es la destreza a la que se le presta menos atención. La mayoría de los niños aprenden a escuchar por su cuenta. Ya que raramente se enseña en las escuelas, los padres deben preparar a sus hijos para la escuela enseñándoles a escuchar en la casa.

Explíqueles a sus hijos qué significa escuchar. Escuchar significa prestar atención y examinar las cosas detalladamente. Dígales que escuchar se hace de principalmente a través del sentido del oído, pero que también hay otros sentidos implicados en el proceso. Por ejemplo, las expresiones que vemos en el rostro del hablante nos ayuda a escuchar lo que dice. Después de explicarles esto, analice junto con sus hijos las razones por las cuales las personas escuchan:

1. Para diversión, placer y entretenimiento:
   - ❖ *música, televisión, radio, conversación*
2. Para información:
   - ❖ *instrucciones, direcciones*
   - ❖ *conocimiento del mundo, de la vida, de eventos importantes (noticias, conferencias, conferenciantes, etc.)*

3. Para conocimiento y comprensión:
    - *escuchar a los amigos, padres, líderes, etc.*
    - *escuchar a los maestros*
    - *comprender el sentido de alguna información*
    - *analizar problemas*
    - *relacionar y entrelazar ideas*

Explíqueles a sus hijos que escuchar a los maestros los puede ayudar a

a. conocer grandes ideas
b. captar detalles
c. desarrollar destrezas
d. comprender procedimientos y procesos

Explíqueles que escuchar atentamente lleva al conocimiento si un estudiante

a. *comprende* datos importantes
b. *repasa* datos importantes
c. *reflexiona* sobre estos datos importantes

Regla 2: Decida qué clase de oyente es su hijo en las clases.

a. Pregúntele a su hijo.
b. Pregúntele al maestro de su hijo.
c. Pregúnteles a los amigos y compañeros de su hijo.
d. Pregúntese a sí mismo: "¿Qué clase de oyente es mi hijo en casa?"

Regla 3: Suministre un examen para saber si su hijo escucha bien.

Repase la lista evaluativa de 10 puntos sobre los hábitos de escuchar que se encuentra a continuación. A medida que vaya tabulando los resultados, piense en lo que éstos le dicen sobre los hábitos de aprendizaje de su hijo. Revise cada respuesta con su hijo y considere de qué manera las acciones indicadas lo benefician o lo perjudican como estudiante. Si su hijo opina que una de las respuestas afecta su trabajo escolar, pregúntele lo que puede hacer para cambiar la situación.

LISTA EVALUATIVA DE 10 PUNTOS SOBRE LOS HABITOS DE ESCUCHAR

Usted y su hijo deben completar la siguiente lista juntos. Algunas de las ideas vienen de la página 5 del libro *Communications Skills: The Art of Listening*, Teacher's Guide (*Destrezas para la comunicación: El arte de escuchar*, Manual de maestros), publicado por Educational Dimensions Group en 1984.

1. ¿Te distraes fácilmente con otra persona cuando la maestra habla contigo?

   ❑ Sí ❑ No

2. ¿Simulas que prestas atención para salir del paso o para ser cortés?

   ❑ Sí ❑ No

3. ¿Dejas volar el pensamiento a otra parte con frecuencia cuando tu maestra te habla?

   ❑ Sí ❑ No

4. ¿Interrumpes cuando hablan los demás?

   ❑ Nunca ❑ Casi nunca ❑ Frecuentemente ❑ Siempre

5. ¿Cierras los ojos cuando la maestra se dirige a la clase?

   ❑ Sí ❑ No

6. ¿Te mueves mucho, garabateas en un papel o expresas algún otro tic nervioso mientras escuchas a la maestra?

   ❑ Sí ❑ No

7. ¿Le pides a la maestra que repita algo cuando no entiendes?

   ❑ Nunca ❑ Casi nunca ❑ Frecuentemente ❑ Siempre

8. ¿Cambias de expresión facial mientras escuchas en la clase?

   ❑ Sí ❑ No

9. ¿Escuchas con mayor atención las ideas principales o los detalles?

   ❑ Ideas principales ❑ Detalles

10. ¿Tiendes a escribir todo lo que escuchas para que no se te olvide?

   ❑ Sí ❑ No

Regla 4: Enséñele a su hijo a adoptar la "pose para escuchar" (qué postura adoptar para ser más receptivo a lo que escucha).

Mande a su hijo a observar a una persona que escucha con suma atención a un conferenciante, un programa de televisión o de radio o a un amigo durante una conversación. Dígale que describa la posición de la cabeza, la espalda, las manos, los ojos y las piernas de la persona que escucha.

Observe a un futbolista en el momento en que espera el lance de la pelota o a un violinista a punto de comenzar a tocar. ¿Cómo colocan el cuerpo para desempeñar su actividad a un grado óptimo? Lo mismo se puede decir de la postura asumida por un oyente. Los buenos oyentes se sientan erguidos, con la cabeza inclinada hacia adelante, miran al hablante directamente a los ojos, toman notas o cruzan las manos y permanecen con las piernas juntas. Las personas que encogen el cuerpo, que se pasan la mano por la cabeza y que se ponen a mirar a su alrededor no pueden ser buenos oyentes. Los buenos oyentes adoptan una "pose para escuchar" que aumenta su capacidad para escuchar y aprender.

Regla 5: Dígales a sus hijos que le pidan a la maestra que repita lo que no entienden.

Un niño no debe sentirse avergonzado de pedirle a una maestra que repita lo que ha dicho si, después de escuchar atentamente, no entiende los puntos principales de una lección. La función de la maestra es precisamente asegurar que los niños entiendan.

UN REPASO SOBRE EL HABITO DE ESCUCHAR

A continuación encontrará un repaso de las ideas que los padres deben tener en cuenta cuando trabajen con sus hijos en la adquisición de las destrezas para escuchar, así como también algunas sugerencias adicionales:

1. Ponga música para que su hijo escuche desde muy temprana edad, incluso cuando están de cuna. Los sonidos suaves y melódicos, como los de la música clásica ligera, estimulan la mente. Algunos están convencidos que este tipo de música puede aumentar la capacidad de un niño para adquirir las destrezas para escuchar.
2. Ayude a su hijo a entender que los buenos oyentes esperan su turno para hablar y que no interrumpen a los demás.
3. Sea un ejemplo para su hijo y escúchelo cuando habla.
   - ❖ Deje que su hijo termine una oración; no lo corte ni lo interrumpa.
   - ❖ Mírelo siempre a los ojos.
   - ❖ Muestre una buena disposición.
   - ❖ Demuestre interés en lo que dice su hijo.
   - ❖ Demuéstrele a su hijo que usted es un buen oyente.
   - ❖ Modele una buena "pose para escuchar" delante de su hijo.
4. Déle instrucciones a su hijo para hacer algo y asegúrese de que las lleva a cabo tal como se las ha indicado.

5. Dígale a su hijo que repita o parafrasee algo que le haya dicho momentos antes, incluyendo las ideas importantes y los detalles.
6. Mire la televisión con su hijo y pídale que escriba o que hable de lo que vio y escuchó.
7. Pídale a su hijo que ponga atención a lo que escucha mientras viaja en el autobús de la escuela.
8. Muéstrele a su hijo fotos de una revista o periódico y pídale que describa lo que vio.
9. Dígale a su hijo que resuma lo que oye, incluyendo ideas importantes y detalles, mientras mira alguna película o programa de televisión o escucha cintas magnetofónicas.
10. Inste a su hijo a prestar atención en clase porque usted quiere que le dé un repaso de lo que ha aprendido o estudiado o de lo que ha hecho durante el día.
11. Pídale a su hijo que escuche a sus maestros y que repita ante usted sus expresiones favoritas o sus chistes.
12. Hágale cuentos a su hijo y anímelo a que le diga lo que más le gustó y lo que le gustó menos de algún cuento.
13. Inste a su hijo a identificar pistas que da la maestra sobre las cosas importantes que tiene que estudiar y recordar. Estas pistas incluyen las siguientes:
    - definiciones
    - ejemplos
    - repetición de algunos puntos
    - temas en los que la maestra pasa la mayor parte del tiempo
    - repaso de algún material
14. Haga que su hijo escuche las noticias en la radio. Pídale que le diga de lo que hablaba el reportero (tópico) y de las minucias (detalles) del reporte.
15. Muéstrele una foto grande a su hijo y descríbasela por partes. Guarde la foto y pídale a su hijo que dibuje la foto que ha descrito.

Ultimos esfuerzos para lograr que su hijo lo escuche

Con frecuencia los padres se sienten frustrados cuando sus hijos no escuchan en la casa ni en la escuela. En este caso se deben tomar medidas drásticas. Las siguientes actividades tienen el potencial de acaparar la atención del niño y de darle una sacudida para que deje los malos hábitos en su forma de escuchar. Pruebe a ver si le funcionan a usted:

1. Escríbale una carta a su hijo, mencionándole lo que le gusta de él. Al mismo tiempo, dígale lo triste que se pone cuando él no le presta atención a lo que usted dice. Pídale que le ponga atención cuando le habla y así podrá aprender más y demostrarles a los demás lo maduro que es. Pídale a su hijo que conteste su carta.

   O HAGA LO SIGUIENTE

2. Cuando su hijo sea mayor, muéstrese un poco distante con él cuando éste no lo escuche. No le preste atención a él cuando le hable a usted. Cuando el niño indique que está frustrado y le pida que le conteste, explíquele que usted sólo está actuando de la misma manera que él y que usted se siente igual cuando él no escucha lo que usted le dice.

   - Pregúntele si le gusta que usted no lo escuche.
   - Pregúntele si es beneficioso para él no escuchar lo que usted dice. ¿Hace las cosas más fáciles o más difíciles?

   O HAGA LO SIGUIENTE

3. Elija una bolsa grande del supermercado o una caja de cartón que se pueda colocar en la cabeza fácilmente. Recorte un cuadrado en el medio de la bolsa o caja del tamaño de una pantalla de televisión. Dibuje botones al lado o en la parte de abajo o de arriba de la caja o bolsa para semejar un televisor. Escriba "TV" en la caja o bolsa. Cuando su hijo no le haga caso o cuando usted quiera llamar su atención, colóquese la bolsa o caja en la cabeza para que su cara aparezca por el agujero. Ahora háblele a su hijo a través de la pantalla. Como si estuviera en la televisión, dígale "Su atención, por favor." Esto sorprenderá a su hijo, creando una situación humorística que dará lugar a una conversación sobre la importancia de escuchar con atención.

EL MANEJO DEL TIEMPO

El tiempo malgastado no se puede recuperar nunca. El tiempo es un precioso lujo del cual disponemos de manera limitada. Todos disponemos de la misma cantidad de tiempo en un día de 24 horas. La mayoría tenemos la libertad de hacer lo que queremos en este tiempo.

Los niños no están tan concientes como los adultos de la importancia del tiempo. Con frecuencia los niños lo dan por sentado y no piensan en ello. Asimismo, a los niños casi nunca se les enseña a manejar el tiempo.

El manejo del tiempo es una frase muy popular hoy en día. Muchos lo consideran la clave para mejorar la producción, tanto en el trabajo como en la escuela. Manejar el tiempo equivale a disponer del tiempo de la mejor manera. Para los estudiantes significa distribuir el tiempo de estudio y crear un hábito de trabajo para llevar a cabo una tarea de aprendizaje.

Los buenos estudiantes tienen la habilidad para manejar el tiempo dedicado a la escuela y a la tarea. Esta destreza indica que los estudiantes llevan el control de sus vidas. Pueden cumplir con sus obligaciones de trabajo por sí mismos, sin tener que depender de los demás.

El lugar donde se empieza a instruir al niño en el manejo del tiempo de estudio es la casa. Los padres pueden seguir el programa de cinco pasos que se da a continuación para asegurarse que sus hijos adquieran esta destreza:

Paso 1: Ayude a su hijo a entender la importancia del tiempo.

Su tarea como padre es concientizar a su hijo sobre la importancia del tiempo. Hay varias maneras en que los padres pueden lograr esto:

- ❖ Rete a su hijo a que le diga qué persona tiene la mayor cantidad de tiempo (sin decirle que todos disponemos de la misma cantidad).
- ❖ Pregúntele a su hijo en qué invierten el tiempo sus amigos.
- ❖ Con la ayuda de su hijo, busque la palabra "tiempo" en una enciclopedia u otro libro de referencia y averigüe las formas en que la gente ha llevado la cuenta o registrado el tiempo.
- ❖ Haga que su hijo calcule el tiempo que pasa (a) durmiendo, (b) comiendo, (c) jugando, (d) mirando televisión y (e) haciendo la tarea.
- ❖ Discuta con su hijo la cantidad de tiempo que debería emplear en cada una de las actividades anteriores y por qué.
- ❖ Pídale a su hijo que explique de qué manera puede evitar malgastar el tiempo y sacar el mayor provecho de los estudios.

Paso 2: Discuta con su hijo los beneficios de organizar el tiempo para jugar y para estudiar.

Un uso inteligente del tiempo de estudio le dará a su hijo ciertas ventajas. Discuta cuáles son estas ventajas con su hijo. No deje de señalarle que las personas que distribuyen el tiempo eficazmente obtienen buenos resultados, particularmente en la escuela. Por el contrario, aquéllos que malgastan el tiempo obtienen resultados negativos. ¿Cuáles son algunos de los buenos resultados? Algunos de los que se dan a continuación se encuentran en la página 35 del libro de Herman Ohme, *Learn How to Learn Study Skills* (*Aprenda a aprender las destrezas de estudio*), publicado en 1986 por California Education Plan. Cuando utilizan el tiempo para estudiar de una manera inteligente, los niños . . .

- ❖ trabajarán de una manera más productiva
- ❖ sacarán mejores notas
- ❖ recordarán más cosas
- ❖ les causarán una buena impresión a los maestros
- ❖ se sentirán mejor consigo mismos
- ❖ se ganarán el respeto de amigos y compañeros
- ❖ desarrollarán su capacidad mental
- ❖ pasarán menos tiempo ocupados y preocupados
- ❖ podrán cumplir con sus obligaciones en el plazo señalado
- ❖ podrán estudiar más eficazmente
- ❖ tendrán más tiempo para estudiar
- ❖ se sentirán más motivados
- ❖ les darán gusto a sus padres
- ❖ tendrán un mayor control de sus vidas

Hágale esta pregunta a su hijo: ¿Cuáles son los resultados negativos de malgastar el tiempo? Déle ejemplos de cómo se puede malgastar el tiempo.

Paso 3: Permita que su hijo lleve a cabo pequeñas labores en la casa siguiendo un horario.

Seguir un horario planificado para los quehaceres le crea al niño la disciplina para organizar un horario de estudio. Los niños deben tener la oportunidad de hacer labores en la casa en un período de tiempo determinado. Haga un horario de labores en la casa con la ayuda de su hijo siguiendo el modelo que se da a continuación:

HORARIO DE LABORES PARA SU HIJO

DIA	LABOR	TIEMPO
lunes	sacar la basura	para las 6:00 p.m.
martes	darle de comer al pez	para las 7:00 a.m.
miércoles	(día libre)	
jueves	limpiar el dormitorio	para las 8:00 p.m.
viernes	hacer un mandado	a las 7:00 p.m.
sábado	hacer de niñero/a	a las 3:00 p.m.
domingo	(día libre)	

Paso 4: Déle diversas oportunidades a su hijo de adquirir experiencia en la planificación del tiempo.

A continuación se señalan otras maneras en que los niños pueden llegar a entender el valor del tiempo y aprender a planificarlo:

- Los niños deben ser incluídos en la planificación de actividades que sean de su interés tales como unas vacaciones, una excursión al zoológico, al museo, al centro comercial y una fiesta de cumpleaños, así como también el comunicarse con amigos cercanos o algún amigo con quien haya entablado amistad por cartas.
- Haga que su hijo lleve un diario de todas las actividades durante una semana (puede hacerlo en un cuaderno o en papeles grapados). Haga que lleve la cuenta del tiempo que invierte en cada una de ellas. Hacer este registro de la distribución del tiempo concientizará al niño en cuanto al patrón que mantiene en sus actividades. Planificar un horario y llevar la cuenta del tiempo le permite a su hijo ejercer un control sobre la forma en que pasa el día, y también le enseña destrezas de organización. Si es necesario, ayude a su hijo a insertar el tiempo que pasa en las actividades que se enumeran en el siguiente "Diario semanal para la planificación del tiempo."

DIARIO SEMANAL PARA LA PLANIFICACION DEL TIEMPO

Nombre del niño ______________________________

Fecha de la semana ______________________________

	despertarse	desayuno	escuela/ comienzo a.m.	recreo	escuela/ almuerzo p.m.	tarea	cena	televisión	acostarse
lunes									
martes									
miércoles									
jueves									
viernes									
sábado									
domingo									

Paso 5: Enséñele a su hijo a administrar el tiempo de trabajo en la escuela.

A la vez que los niños hayan aprendido a llevar una cuenta de cómo pasan el tiempo cuando están con la familia, les será más fácil planificar el tiempo de estudio. Ayude a su hijo a planear la cantidad de tiempo que se debe asignar al trabajo escolar y al terminar ayúdelo a crear un horario de estudio. El hacer esto en la casa lo va a ayudar a hacer lo mismo en la clase. Los padres les pueden dar a sus hijos una copia del siguiente formulario para ayudarlo a llevar una cuenta de la distribución del tiempo.

LA DISTRIBUCION DEL TIEMPO POR DIA (en minutos)

materia o clase	lunes	martes	miércoles	jueves	viernes
lectura					
escritura					
ciencias					
ciencias sociales					
arte					
otras materias o clases					

Ahora llegue a un acuerdo con su hijo en cuanto al orden o secuencia en que debe estudiar estas materias en la escuela. Ayude a su hijo a determinar lo siguiente:

- si estudia mejor en las mañanas o en las tardes
- cuándo tiene más energía y cuándo menos
- si se siente más cómodo estudiando primero las asignaturas más difíciles o las más fáciles
- cuánto tiempo de descanso necesita (algunos dicen que por cada hora de estudio, un niño debe tomar de 5 a 10 minutos de descanso. Esto se determina de acuerdo a la edad del niño).

Esté al tanto de que su hijo tenga libros, lápices y otros materiales a la mano. Esto eliminará la necesidad, o excusa, de tener que interrumpir el estudio para buscar materiales.

Cumpla con la tarea que le corresponde de mantener a sus hijos con buena salud. Cuando los niños se sienten bien tienen la energía necesaria para lidiar diariamente con el trabajo escolar y para manejar el tiempo de estudio. Disminuya el azúcar y la sal en la comida del niño. Asegúrese de que su hijo duerme, hace ejercicios y juega lo suficiente. La buena salud le allanará el camino a su hijo para poder convertirse en un estudiante independiente.

UN REPASO SOBRE EL MANEJO DEL TIEMPO

El plan que trace su hijo para el manejo del tiempo es útil siempre y cuando se pueda poner en práctica. Los padres deben cerciorarse de que así sea. Los padres pueden hacer esto si ayudan diariamente a sus hijos en la organización del tiempo. El principal objetivo es hacer de su hijo un estudiante independiente que utiliza el tiempo responsablemente y completa el trabajo asignado. Los padres pueden disminuir la supervisión de sus hijos a medida que éstos vayan adquiriendo la habilidad para manejar el tiempo.

Para reiterar, los padres deben implementar las siguientes estrategias:

1. Ayude a su hijo a comprender la importancia del tiempo y a estar concientes de cómo pasan el tiempo en casa.
2. Asegúrese de que su hijo lleva una cuenta del tiempo que pasa estudiando.
3. Anime a su hijo a evaluar la manera en que invierte el tiempo en la escuela.
4. Analice el provecho que saca su hijo del tiempo en la escuela. Hágalo diariamente al principio y después de vez en cuando.
5. Pregúntele con regularidad a su hijo lo que tiene que hacer y cuánto tiempo necesita para hacerlo.
6. Asegúrese de que su hijo mantiene al día una relación de todas las tareas o ayúdelo a hacer un calendario de los eventos de aprendizaje importantes, anotando la fecha de exámenes, proyectos, reportes, monografías y tareas.
7. Recuérdele a su hijo que debe hacer una cosa a la vez; estudiar una asignatura a la vez.

PASS Taller/Módulo 4

La tarea y los elementos expeditivos del aprendizaje

GUIA DE ESTUDIO PARA LOS PADRES 4A

ENFOQUE Los padres y la tarea

PROPOSITO Conocer la importancia de la tarea en el aprendizaje y la función de los padres en cuanto a la misma

DESTREZA Ayudar al niño a sacar el mayor provecho de la tarea

REFLEXION Compartir sus ideas, antes y después de esta lección, sobre la tarea que se le asigna a su hijo en la escuela

Antes:

Después:

GUIA DE ESTUDIO PARA LOS PADRES 4B

ENFOQUE Elementos expeditivos del aprendizaje: maestros, textos, otros estudiantes y computadoras

PROPOSITO Entender de qué manera se pueden implementar estos elementos expeditivos para la promoción del aprendizaje

DESTREZA Mostrarle al niño cómo aprender de los maestros, de los libros, de otros estudiantes y de las computadoras

REFLEXION Compartir sus ideas, antes y después de esta lección, sobre estos elementos expeditivos del aprendizaje

Antes:

Después:

LA TAREA

EL CAMINO HACIA EL EXITO ESCOLAR

La tarea se asocia con el logro académico. Los estudiantes que hacen la tarea, y la hacen bien, se desempeñan de una forma más eficaz en el salón de clase. Además, salen mejor en los exámenes. No es un secreto el hecho de que mientras más tiempo emplean los estudiantes en la tarea, mejor les va en la escuela. La tarea está indudablemente ligada al éxito escolar.

Algunos estudios han arrojado que los estudiantes norteamericanos no pasan tanto tiempo haciendo tarea como los estudiantes de otros países. La cantidad de tarea que debe hacer un niño depende de la edad de éste y de su condición física y mental, así como también del reglamento de la escuela. En el año 2000, la Asociación Nacional de Padres y Maestros (National PTA) expresó su opinión sobre el particular. Los estudiantes de primer grado deben pasar 10 minutos diarios haciendo la tarea. El tiempo que se invierte en la tarea aumenta en incrementos de diez minutos al día para cada grado. Por ejemplo, los estudiantes de sexto grado deben emplear 60 minutos diarios haciendo la tarea.

Unas encuestas llevadas a cabo informalmente revelan que el tiempo que emplean los estudiantes norteamericanos en la tarea varía. Según el libro de 1990, *Tools for Learning: A Guide to Teaching Study Skills (Herramientas del aprendizaje: Manual para enseñar destrezas de estudio)*, por M. B. Gall y otros, el tiempo promedio que emplean los estudiantes norteamericanos en la tarea va de 15 minutos para estudiantes de los primeros años de primaria, a 30 minutos para los grados más altos de primaria. En grados intermedios se emplea de 45 a 75 minutos y en la secundaria de 60 a 120 minutos. Esto contrasta con el Japón, donde los niños de tres y cuatro años de edad pasan varias horas diarias estudiando para tener una mayor oportunidad de ser admitidos al kindergarten.

Numerosos estudios describen un panorama alarmante en relación con la tarea en las secundarias norteamericanas. La principal razón por la que los estudiantes estadounidenses se quedan rezagados en comparación a estudiantes en otras partes del mundo se debe, según la National Commission on Excellence in Education (Comisión Nacional para la Excelencia en la Educación), a que a los estudiantes norteamericanos les da pereza hacer la tarea. El estudio anterior reveló que dos tercios de los estudiantes de secundaria en los Estados Unidos no invierten siquiera una hora diaria en la tarea. Aún otros estudios revelan que la televisión supercede con mucho a la tarea como la actividad que prefieren hacer los estudiantes después de clase.

Los padres pueden hacer algo para alumbrar este pobre panorama. A la larga, la actitud de un niño respecto a la tarea se forma en la casa. Los padres pueden ser de utilidad si entienden el lugar que ocupa la tarea en el aprendizaje y la manera en que ellos pueden promover su importancia. Para empezar, los padres deberán contestar las cuatro preguntas siguientes sobre la tarea:

1. **¿Qué es la tarea?**

   La tarea es el trabajo escolar que el estudiante debe hacer fuera de clases, por lo regular en la casa, y que no está supervisado por el maestro.

2. **¿Cuáles son las razones para asignar tarea?** Existen seis principales razones:

   a. La tarea refuerza el aprendizaje en la clase.

   b. Promueve la auto-disciplina.

   c. Enseña a manejar el tiempo.

   d. Cultiva los buenos hábitos de estudio y acrecienta la capacidad de retención.

   e. Les permite a los padres participar en el proceso educativo de sus hijos y estar al tanto de lo que les enseñan a sus hijos en la escuela.

   f. Les da la oportunidad a los niños de hacer las cosas por su cuenta y convertirse así en estudiantes independientes.

3. **¿Qué deben saber los padres de la tarea de sus hijos?**

   Primero que todo, los padres deben pedir información sobre el reglamento de la escuela sobre la tarea. Muchas escuelas tienen el reglamento por escrito. Las reglas definen la palabra "tarea" y prescriben la cantidad de tiempo que los estudiantes deben pasar en la tarea. ¿Cuál es el reglamento en la escuela de su hijo?

   El reglamento de la escuela es ____

   ____

   El reglamento de la escuela requiere que el estudiante pase una cierta cantidad de tiempo en la tarea, según el grado, _____ diariamente/ _____ semanalmente (marque una de estas dos).

   _____ kinder a 3er grado   _____ grados intermedios

   _____ 4to a 6to grado   _____ secundaria

   Segundo, los padres deben saber cuáles son los requisitos de la maestra de su hijo respecto a la tarea. ¿Cuáles son las expectativas de la maestra?

   Los requisitos de la maestra de mi hijo respecto a la tarea son los siguientes:____

   ____

   ____

4. **¿Cómo pueden los padres ayudar a sus hijos con la tarea?**

   ¡Pueden ayudar de muchas maneras!

Primero, hable con su hijo de la tarea. Menciónele que el aprendizaje no termina cuando los niños salen de la escuela. Explíquele que la tarea es un modo de extender las horas de clase y darle más tiempo para terminar las asignaciones de la escuela.

Segundo, muestre interés por la tarea que le dan a su hijo. Indague lo que pueda sobre las asignaciones: si son difíciles, qué le enseñan al niño, cuándo la va a terminar el niño, etc. Asegúrese de examinar el trabajo que su hijo lleva a casa, repasándolo aunque no lo entienda.

Tercero, no haga la tarea en lugar de su hijo. Hacer la tarea es el deber de su hijo. La responsabilidad de los padres es supervisar al niño para cerciorarse de que está cumpliendo con su deber. Usted debe también revisar el trabajo ya completado. Conteste las preguntas que tenga su hijo, lea y clarifique las instrucciones y ayúdelo a entender lo que tiene que hacer, pero deje que su hijo haga el trabajo. Acostúmbrese a ayudar a su hijo a hacer la tarea cada noche.

Cuarto, convenza a su hijo a pedirle ayuda a un amigo o a la maestra si tiene dificultades con la tarea.

Quinto, ayude a su hijo a organizar la tarea para poder terminarla a tiempo. Anotar en un cuaderno todas las asignaciones y el día que deben ser terminadas puede enseñarle a su hijo a hacer buen uso del tiempo y a organizar la tarea. La relación y horario de la tarea se puede trazar por un día o por una semana. Marque las asignaturas con las que su hijo tiene dificultades. Se debe poner más cuidado en la tarea para estas asignaturas. En la siguiente página encontrará un modelo de dicho horario para la tarea.

Sexto, siente algunas reglas para hacer la tarea en la casa. Ubique un lugar callado y haga un horario para hacer la tarea. Seguir un horario ayuda al estudiante a adaptarse con facilidad a una rutina de estudio y le enseña responsabilidad y auto-disciplina. Sentar una rutina de estudio puede ser un poderoso antídoto contra la postergación.

Fije la misma hora cada día para hacer la tarea. Por supuesto que puede hacer excepciones a causa de circunstancias o actividades especiales, pero la tarea debe ser una rutina diaria. Asegúrese de que su hijo hace la tarea. Acostúmbrese a pedirle a su hijo que le muestre la tarea y a felicitarlo por el esfuerzo que pone en ella.

Séptimo, comparta sus ideas sobre la tarea de su hijo con la maestra. Muchos maestros tienen la libertad de sentar sus propias reglas respecto a la tarea y la mayoría están dispuestos a escuchar las sugerencias de los padres.

Octavo, haga un letrero con la ayuda de su hijo para poner en una mesa, escritorio o puerta. Cuando este letrero se coloque en uno de los lugares anteriores, querrá decir que es hora de trabajar. El letrero puede decir algo así como "Hora de trabajo" u "Hora de estudio."

HORARIO PARA LA TAREA

Fecha de la semana ____________________

Nota:	Lectura/ escritura	Ciencia	Ciencias sociales	Matemáticas
Lo que tengo que hacer				
Lo que tengo que saber				
Dónde buscar información				
Fecha para terminar la tarea				
Palabras importantes/Ideas que debo saber				

Noveno, tenga en cuenta los puntos siguientes:

- ❖ La mayoría de los niños necesitan tiempo para relajarse después de salir de la escuela. Déles la oportunidad de jugar un rato.
- ❖ Los niños tienen dificultades para concentrarse cuando tienen hambre, están sucios, cansados o llenos por haber ingerido golosinas altas en azúcar, cafeína y manteca.
- ❖ Los niños necesitan un descanso cuando hacen la tarea. Es razonable darles 5 minutos de descanso cada media hora. La edad del niño determina el tiempo que se le da de descanso.
- ❖ Algunos expertos aseguran que es mejor que el niño haga primero la tarea más difícil porque está con la mente más despejada. Debe dejar lo menos difícil para el final.
- ❖ Si un niño no lleva tarea a la casa por lo menos una vez a la semana, esto es señal de que algo raro está pasando. Los padres tienen el deber de averiguar la razón.

Por último, los padres pueden ayudar a sus hijos con la tarea siguiendo los siguientes "10 mandamientos para la tarea":

I. Sabrás cuál es el reglamento de la escuela de tu hijo respecto a la tarea, incluyendo la línea telefónica de información para estudiantes y padres que tienen muchas escuelas. Averigüe si el sistema escolar al que pertenece la escuela de su hijo dispone de este recurso. Si es así, escriba el número en este espacio: ____________________

II. Siempre mostrarás interés en la tarea de tu hijo.

III. No asumirás la responsabilidad de hacer la tarea en lugar de tu hijo. El deber del niño es hacer la tarea, mientras que el del padre es asegurarse de que cumpla con él.

IV. Destinarás un lugar en la casa para hacer la tarea y proveerás todos los materiales necesarios para hacerla.

V. Revisarás la tarea completada por el niño al menos una vez por semana para mantenerte al tanto de lo que hace.

VI. Te asegurarás de que tu hijo no deje de hacer el trabajo que ha perdido por enfermedad o ausencia.

VII. No discutirás por causa de la tarea, sino que deberás inculcar en el niño que la tarea es el deber del estudiante, así como el trabajo es el deber de los adultos.

VIII. Le preguntarás a tu hijo cómo van las cosas mientras hace la tarea.

IX. Deberás premiar de vez en cuando a los niños que completen la tarea de una manera responsable.

X. Deberás hacer que la tarea tenga prioridad sobre las demás actividades después de la escuela, primero que los amigos, la televisión, la música, el juego, etc.

GUIA FUNDAMENTAL PARA PADRES SOBRE LA TAREA

No todos los niños necesitan la ayuda de los padres para hacer la tarea. Los niños tienden a depender menos de los padres a medida que van creciendo.

Muchos estudiantes tienen malos hábitos de estudio. Algunos fantasean cuando hacen la tarea, dejan las cosas a medias, se distraen fácilmente, y algunos rehúsan hacer la tarea. Los padres deben contar con que estas cosas pasen durante los años de escuela.

A menudo hay peleas entre padres e hijos por la tarea. Estas se pueden evitar si los padres trazan un plan de antemano para lidiar con los problemas que se presenten.

No hay una bala de plata que pueda inducir a un niño a hacer la tarea. Sin embargo, la tensión causada por la tarea puede ser aminorada si se siguen las sugerencias que se dan a continuación. Estas han sido obtenidas de los consejos de expertos en materia de tarea. Algunas de estas ideas han sido citadas con anterioridad.

1. **Cree unas condiciones en casa que le permitan a su hijo hacer la tarea.** Asegúrese de que se dedique un espacio determinado para hacer la tarea en casa. Ponga un tiempo límite para empezar y terminar la tarea. Esto ayudará al niño a planificar el tiempo más eficazmente. La tarea se debe hacer a la misma hora todos los días para que se convierta en una rutina. Asigne un área especial de estudio, un lugar que el niño considere propio, para hacer la tarea. Abastezca este lugar de todos los materiales necesarios.

2. **Recalque la importancia de la tarea.** Déle un lugar de prioridad. Haga un afiche o cartel que diga lo siguiente: "Silencio: Hora de tarea." Exhiba el afiche diariamente, cuando sea la hora de hacer la tarea. El afiche sirve como una especie de "campana" o aviso para comenzar a estudiar en la casa.

3. **Utilice este tiempo para hacer junto a su hijo "la tarea" correspondiente a los padres.** Deje que su hijo lo observe ensimismado en algún tipo de trabajo mental. Lea un libro, escriba cheques para las cuentas, haga un crucigrama, escriba una carta, etc. Esto motivará a su hijo a entrar en la actividad de hacer la tarea.

4. **Ofrézcale con frecuencia algo placentero a su hijo inmediatamente después de terminar la tarea.** Exhortar a su hijo inmediatamente resulta más eficaz que hacerlo cuando ya ha pasado algún tiempo. Premie a su hijo con una merienda o déjelo ver la televisión o alguna película, llamar por teléfono a un amigo o recrearse con algún juego de video. Más adelante, disminuya la frecuencia de estos premios.

   Asegúrese de premiar a su hijo por el esfuerzo que demuestre aunque no haya completado la tarea por algún motivo válido.

ENCUENTROS A CAUSA DE LAS TAREAS ESCOLARES

Los padres con frecuencia se frustran si tienen que batallar con sus hijos por causa de la tarea. Mientras más les griten los padres a los hijos para que hagan la tarea, más se resistirán ellos a hacerla. Hay dos reglas que podrían ayudar a los padres en términos de estos enfrentamientos con sus hijos.

Primera regla: No grite ni pierda los estribos cuando los niños arguyan en contra de la tarea. En lugar de eso, siente un buen ejemplo manteniendo la calma. Hable de una manera controlada y firme. Comunicarse de una manera razonable es el mejor aliado de los padres.

Segunda regla: Nunca utilice la tarea como castigo y nunca castigue a un niño por no hacer la tarea. La sabiduría convencional de hoy indica que la guerra de la tarea se gana con amor, no con castigos. Esta es una idea poderosa.

ELEMENTOS QUE CON FRECUENCIA RESULTAN IRRITANTES AL HACER LA TAREA

A continuación se enumeran cuatro elementos irritantes que ocasionan dolores de cabeza a los padres en relación con la tarea. Se ofrecen algunas soluciones como calmantes para este dolor de cabeza. Pruebe a ver si funciona con sus hijos.

Irritante 1: Su hijo deja de hacer la tarea porque se le olvida lo que ha sido asignado.

Solución: Pídale a su hijo que le diga cuáles han sido las asignaciones de ese día. Supervise a su hijo diariamente para asegurarse que recuerda las asignaciones y vaya disminuyendo la vigilancia a medida que comprueba que la tarea es completada.

Anime a su hijo a sugerirle a la maestra que escriba las asignacionces diarias en la pizarra (si es que ya no lo hace). De esta manera su hijo siempre estará al tanto de cuáles son las asignaciones. Más importante aun, esto eliminará una razón que comúnmente alegan los niños para no hacer la tarea.

Irritante 2: Su hijo no puede llevar la cuenta de las tareas.

Solución: Anime a su hijo a mantener una relación diaria de la tarea. Revise con su hijo estas anotaciones regularmente.

Irritante 3: Su hijo fantasea y pierde tiempo mientras hace la tarea.

Solución: Revise la tarea de su hijo periódicamente para cerciorarse de que las cosas vayan bien. Ofrézcale algunas palabras de aliento. Dígale que necesita ver algún progreso. Déle un pito a su hijo para que le avise cuando haya terminado la tarea. También puede permitirle que ponga una alarma para señalar el comienzo y el final de la tarea. Algunos expertos recomiendan que los padres fijen una fecha para que el niño termine la tarea. Permítale algunos privilegios cuando la tarea sea terminada a tiempo y niégueselos en el caso contrario.

Irritante 4: Su hijo rehúsa hacer la tarea o no tiene ganas de hacerla.

Solución: Sostenga una larga conversación con su hijo pero no discuta. Explíquele que usted a veces no desea ir al trabajo o cocinar, pero que al cumplir con esa responsabilidad se siente satisfecho y orgulloso. Para lograr que su hijo haga algo que no desea hacer, reconozca primero que el niño tiene derecho a sentirse como se siente. Después ponga énfasis en el hecho de que la tarea es un trabajo que no tiene que gustarle, pero que, como estudiante, tiene el deber de hacerla.

Insista en que el terminar la tarea lo hará sentirse satisfecho y orgulloso, como usted al hacer su trabajo. Hágale ver a su hijo que sus maestros, amigos y otros seres queridos esperan esto de él. Asimismo, tenga en cuenta los incentivos que se mencionaron anteriormente.

Anote en este espacio las estrategias que han surtido efecto para usted y compártalas con otros padres.

Sugerencias utiles sobre la tarea

Hay muchas sugerencias sobre la manera de presentarle a su hijo las asignaturas de artes linguísticas, matemáticas, ciencias naturales y ciencias sociales. Estas asignaturas forman el meollo de un programa educativo escolar. Algunos de los mejores consejos para padres se encuentran en el libro escrito por Dan J. McLaughlin, *The Parent's Homework Dictionary (Diccionario de la tarea para padres)*, segunda edición. Este diccionario ofrece definiciones para términos relacionados con las asignaturas arriba mencionadas. Ofrece descripciones y ejemplos fáciles de comprender. Después de revisar este diccionario, los padres tendrán un mejor conocimiento de las materias que estudia su hijo.

El libro *The Ultimate On-Line Homework Helper (La óptima guía de recursos en línea para la tarea)*, por Marion Saltzman y Robert Pondiscio, presenta un compendio de sitios en el Web sobre una variedad de asignaturas escolares. Para aquellas familias que poseen una computadora con acceso al Internet, este libro es una excelente fuente de información para sitios que los padres y los hijos pueden explorar juntos.

APOYOS PARA EL APRENDIZAJE

En un salón de clases hay cuatro fuentes principales para el aprendizaje. En realidad, son apoyos para el aprendizaje, que aceleran la adquisición del conocimiento. Estos son la maestra, los textos, los estudiantes y las computadoras. Los padres pueden ayudar a sus hijos a aprender a lidiar con cada uno de ellos, mejorando de esta forma el funcionamiento del niño en la escuela.

La maestra

La maestra está a cargo de la enseñanza. Lo que la maestra diga y haga tiene la mayor influencia en el aprendizaje en clase. Cada maestra tiene un estilo único de enseñar. Esto dificulta la adaptación del niño a diferentes maestros. Sin embargo, existen algunos hábitos de estudio que su hijo puede implementar con cualquier maestra. Recuérdele a su hijo que haga lo siguiente:

1. Prestar atención siempre a lo que dice y hace la maestra.
2. Estudiar el material que la maestra distribuye en clase (hojas de trabajo, procedimientos para estudiar, ejercicios, instrucciones, etc.).
3. Siempre anotar el asunto de una película, cortometraje o video al terminar la presentación.
4. Fijarse en las pistas que da la maestra para saber qué cosas son importantes. Notar particularmente cuando la maestra utiliza las siguientes expresiones:

    "Es importante recordar esto."

    "Esto estará en el próximo examen."

    "Quiero que presten especial atención a . . . "

    "Repasen esto antes de leer el siguiente capítulo."

    "Saber esto los ayudará sobre todo."

5. Tomar notas de lo que la maestra escribe en la pizarra o coloca en el mural de la clase. Vale la pena recordar estas cosas.
6. Poner especial atención en la materia que la maestra repasa varias veces.
7. Estar particularmente alerta durante las sesiones de repaso del material estudiado que muchos maestros ofrecen. Notar las áreas en que la maestra pone énfasis.

Los textos

Un texto escolar, escrito para usarse en clase, cubre una asignatura particular. Los textos enseñan. Son bancos de información que incluyen múltiples ejercicios para el desarrollo mental del niño.

Estos libros se usan extensamente en la mayoría de las escuelas, ya que son poderosas herramientas para el aprendizaje. Muchos estudiantes se atrasan en la escuela porque nunca aprenden a usar los textos.

Los padres necesitan familiarizarse con la organización de los textos y la manera de presentar la información. Una vez que los padres tengan un conocimiento de esto, estarán mejor preparados para ayudar a sus hijos a sentirse cómodos al usar los textos para sus clases y a sacar el mejor provecho de ellos.

Comience por sacar tiempo para examinar los textos de su hijo. Hojee el libro junto con su hijo, deteniéndose en las secciones siguientes para explicárselas:

A. **Elementos comunes**

Los textos generalmente están organizados en forma similar y contienen los siguientes elementos en común:

1. Página titular: identifica el título del libro, el o los autores y la editorial.
2. Página para derechos de publicación: contiene la fecha de publicación y el símbolo de derechos o propiedad del libro ©.
3. Indice o tabla de contenido: una especie de bosquejo que señala el contenido del libro, generalmente organizado por capítulos.
4. Prefacio/Introducción/Advertencia: explica el contenido del libro y la razón para que se escribiera.
5. Material suplementario (apéndice, glosario, bibliografía, índice alfabético): ofrece información diversa, como definiciones de términos, referencias, y temas y nombres alfabetizados para fácil acceso.
6. Capítulos/Temas: representan divisiones principales en un libro.
7. Ilustraciones: muestras de fotos, mapas, gráficos, tablas, diagramas, tiras cómicas y cosas por el estilo que iluminan aspectos interesantes sobre la materia.

B. **Capítulos**

Los libros se subdividen en principales secciones, partes o capítulos. Los capítulos son las subdivisiones que se encuentran en la mayoría de los libros. Los capítulos tratan tópicos o temas extensos. Vea a continuación una forma típica de organizar un capítulo:

1. Título/tópico del capítulo
2. Vistazo previo del capítulo
3. Divisiones/secciones/subtópicos/encabezamientos del capítulo
4. Ilustraciones del capítulo (mapas, tablas, diagramas, gráficos, etc.)
5. Actividades en el capítulo
    - palabras claves
    - ideas claves

- ❖ preguntas de repaso
- ❖ actividades para el estudiante/asignaciones

6. Párrafos del capítulo (el primer párrafo es la introducción y el último, el resumen)

C. **Párrafos**

Los párrafos se encuentran en cada capítulo de un libro. Un párrafo es un grupo de oraciones que describen una idea, evento o sujeto. Cada párrafo introduce algo nuevo. Un párrafo comienza en una línea, dejándose un margen de varios espacios para el comienzo de la primera línea o indicándose de alguna otra manera un cambio de idea.

Las oraciones y los párrafos son bloques de información que presentan las ideas centrales de un libro y suplen detalles que apoyan esas ideas.

Recuérdele a su hijo que debe siempre buscar tanto las ideas centrales como los detalles que se dan en cada capítulo. Todo estudiante debe acostumbrarse a preguntar cuáles son las ideas centrales en cada párrafo. La información pertinente se puede recopilar en forma de notas o al margen del texto, manual de actividades o libro de lectura, siempre y cuando los estudiantes estén autorizados a escribir en estos materiales.

Cómo comprender los capítulos y los párrafos

Los padres pueden acrecentar la comprensión de un capítulo o párrafo animando a sus hijos a usar la sencilla fórmula siguiente:

1. LEA—buscando siempre las ideas centrales.
2. ESCRIBA—sobre lo que lee, tomando notas de las ideas centrales.
3. HABLE SOBRE LO QUE LEE—repitiendo las ideas centrales para sí mismo o a otra persona.

Inste a su hijo a llevar a cabo las siguientes tareas adicionales para conseguir dominar el material del texto:

1. Identifique los párrafos que sean más difíciles de comprender porque son en los que debe pasar más tiempo. Relea y estudiélos detenidamente.
2. Fíjese en las páginas o partes de un capítulo que pueden ser saltadas. Frecuentemente los maestros ofrecen pistas que permiten identificar las partes menos importantes.
3. Dedique tiempo extra para completar las actividades y ejercicios designados para los estudiantes. Aún si no son requeridos por la maestra, hacerlos ampliará la comprensión del estudiante.

Recuerde: los niños olvidan gran parte de lo que leen; algunos dicen que el 50%, otros que el 80%. Para mejorar el poder de retención, los padres pueden instar a sus hijos a hacer lo siguiente:

- ❖ Deténgase después de leer un párrafo de algún texto y trate de recordar lo que leyó. Identifique en particular tanto las ideas principales como los detalles específicos.

- Practique la habilidad de recordar leyendo artículos sencillos en un periódico (o de la lectura semanal de la escuela) y explique el asunto del que tratan los artículos.
- Escriba la idea principal de lo que lee o de lo que oye. Su hijo recordará por más tiempo los detalles importantes, los conceptos y la información que apunte. Tendemos a recordar mejor lo que el cerebro traduce en escritura.

Los padres también pueden mejorar la habilidad para recordar del niño leyéndole en voz alta un pequeño pasaje o párrafo y deteniéndose a preguntarle cuáles son los puntos principales de lo que le ha leído.

La estrategia EER (o SSR en inglés): En busca de las ideas centrales

La capacidad de identificar las ideas centrales de los párrafos y capítulos es una destreza de estudio muy importante para su hijo y usted puede hacer mucho en casa para que su hijo desarrolle esta destreza. Revise los siguientes pasos con su hijo. Los expertos en materia de aprendizaje los recomiendan encarecidamente. Aconseje a su hijo a practicar estos pasos diariamente en la clase. Le facilitarán el aprendizaje a su hijo tras haberse convertido en hábito para él.

1. **E**che un vistazo: Echele una ojeada a las diferentes partes de un capítulo antes de leerlo detenidamente. Echar un vistazo significa examinar someramente el material. El objetivo de este primer paso es darle al estudiante una idea general de lo que trata el capítulo. El estudiante no necesita leerlo todo ni buscar detalles.
2. **E**studie: Examine un capítulo buscando los detalles y puntos específicos. Este paso comprende la lectura lenta y cuidadosa del material mientras se toma notas si es necesario, subrayando o recalcando los puntos importantes. Concéntrese en lo que es importante saber y recordar.
3. **R**epase: Repase el capítulo, volviendo a revisar los puntos importantes. Ponga especial atención en las partes más importantes del capítulo. Busque los siguientes datos:
    - fechas
    - nombres de personas
    - procesos/procedimientos
    - eventos
    - ideas
    - causas/efectos

Recuerde de preguntarle habitualmente a su hijo cuáles son las ideas principales en lo que lee o estudia. En poco tiempo será su hijo el que haga las preguntas sin tener que depender de usted.

Sólo para refrescarle la memoria, ¿qué le debe el padre preguntar a su hijo después de que éste haya terminado de leer un texto?

____

____

Otros estudiantes

Los demás estudiantes de la clase frecuentemente pasan desapercibidos como fuentes de aprendizaje. Los estudiantes aprenden unos de otros. Necesitan aprender a estudiar juntos y a colaborar para obtener metas comunes. Los estudiantes pueden beneficiarse mutuamente de sus puntos fuertes.

El aprendizaje cooperativo es un cambio de ritmo refrescante y puede motivar a los estudiantes. Es también un medio eficaz para generar información y estimular a los estudiantes a estudiar. Además, aprender de los otros puede ser divertido. A medida que van creciendo, los niños prefieren estudiar con sus amigos.

A continuación se dan algunas maneras para animar a los niños a trabajar con otros estudiantes a las que los padres pueden añadir las propias:

1. Organice una actividad sobre eventos actuales un sábado en la mañana, permitiéndoles a sus hijos invitar a algunos compañeros. Pídales que lleven algo de interés en las noticias para discutir.

2. Anime a su hijo a invitar a algunos compañeros de clase a su casa para sesiones de repaso antes de un examen.

3. Organice un concurso de deletreo en su casa y pídales a algunos padres que ayuden a dirigirlo y a seleccionar a los participantes.

4. Organice una "Noche Especial de Películas" en su casa para ver algún aclamado programa educativo [como por ejemplo, la serie sobre la guerra civil de los Estados Unidos, y los programas "The Computer Age," "The Age of Christopher Columbus," "New Wonders of Science," ("La era de las computadoras," "La era de Cristóbal Colón," "Nuevas maravillas de la ciencia") etc.]. Reparta rositas de maíz y refrescos. Repase los elementos principales del programa.

5. Haga una fiesta para comer galletitas de chocolate con otros padres y niños en su casa. Después de merendar, los niños deberán hacerse preguntas sobre el material que han aprendido la semana anterior. El enfoque debe ser en elementos específicos y no en generalidades.

6. Organice una "noche de tarea" en su casa ocasionalmente. Permita que su hijo invite a algunos amigos para estudiar juntos esa noche. Establezca algunas reglas, que deben incluír las siguientes:

   - debe haber un rato de silencio absoluto
   - un rato de discusión, durante el cual los niños pueden interrelacionarse
   - preguntas de usted para que los niños demuestren lo que han aprendido esa noche

Ofrézcales algunas golosinas a los niños durante el descanso. Asegúrese de darles una despedida cariñosa a todos los niños cuando la tarea sea terminada.

7. Sus sugerencias:

____

____

____

Las computadoras

La computadora es otra fuente de información a la que los estudiantes pueden recurrir. El impacto de las computadoras en nuestra nación y en el mundo ha sido inaudito. Vivimos en una cultura computarizada. Las computadoras se usan prácticamente en todos sitios: en oficinas del gobierno, en los bancos, en los negocios, en centros militares y en instituciones médicas y educativas. Las computadoras han revolucionado nuestras vidas más que cualquier otra tecnología y serán aún más importantes para el futuro de sus hijos. No es un lujo aprender a usar las computadoras sino una necesidad. Es por eso que los gobiernos estatales han ordenado la enseñanza de computación en las escuelas.

Ya que los niños conocen de computadoras en la escuela a una edad temprana y las usan con regularidad, los padres deben estar medianamente familiarizados con esta creciente tecnología. Debemos reconocer que los niños a veces entienden de computadoras más que sus padres. Sus hijos están tan familiarizados con términos relacionados con las computadoras, tales como "mouse," "keyboard," "e-mail," "word precessing," e "Internet" (controlador o ratón, teclado, correo electrónico, procesador de palabras y red mundial cibernética, conocida en español también como Internet), que éstos son casi parte de su naturaleza.

Las computadoras intimidan a muchos padres. Temen que sea muy difícil aprender el manejo de las computadoras, pero esto no es cierto. Si los niños en kindergarten aprenden a usar las computadoras, los padres también pueden hacerlo. Los padres deben ver las computadoras como otra herramienta que usan los maestros para ayudar a sus estudiantes. Las computadoras son herramientas para la enseñanza como lo son los libros, los proyectores de diapositivas o las pizarras, pero tienen un mayor potencial para el aprendizaje.

No se avergüence si su hijo sabe más que usted de computadoras o si no lo puede ayudar a hacer las asignaciones en la computadora. Simplemente tener el conocimiento básico de las computadoras les demostrará a sus hijos que usted está interesado en su trabajo.

Muchos padres usan una computadora, ya sea en sus casas o en el trabajo, pero algunos nunca han tocado una computadora en su vida. La siguiente información va dirigida a ambos grupos. Esta puede servir de repaso a los padres conocedores de computación o de introducción a los que no lo son:

¿Qué es una computadora?

Una computadora es una máquina conectada por alambres eléctricos, cables y una multitud de partes. Las computadoras llevan a cabo algunas de las tareas de los humanos, sólo que más rápidamente. Sirven para guardar una enorme cantidad de información, para resolver problemas, procesar mandatos y retraer datos de todas partes del mundo. Además les permite a las personas comunicarse entre sí y participar en actividades interactivas. Una computadora lee información digitalmente por medio de claves o códigos y transfiere dicha información electrónicamente a través del teléfono o líneas de cable.

Usted tiene el control cuando trabaja con computadoras, ya que es usted el que le dice lo que debe hacer. Las computadoras son medios para la enseñanza y poderosas herramientas para el aprendizaje. Los estudiantes utilizan una computadora para terminar proyectos y hacer investigación. Por medio de la computadora los estudiantes pueden accesar millones de datos, fotografías, grabaciones, juegos, esquemas gráficos y otras fuentes de información.

En la tirada del 4 de octubre de 1999 de la revista USA *Today*, Cindy Holland y Genevieve Lynn revelaron un estudio conducido por NPD Online Research que analiza el nexo entre la tarea y la computadora personal. El estudio recalca el hecho de que los niños usan una computadora personal en casa principalmente para las siguientes cinco actividades escolares:

1. Para escribir reportes especiales.
2. Para buscar fuentes de referencia.
3. Para usar software (programas) de naturaleza instructiva.
4. Para hacer la tarea por las noches.
5. Para estar en contacto con los amigos de la escuela.

Las computadoras son más complicadas que la televisión o la radio. Prender la radio o la televisión y cambiar las estaciones o canales se aprende en poco tiempo. Usted puede hacer esto fácilmente, pero no puede decirles lo que deben hacer. Para usar una computadora se necesita algún entrenamiento, pero una vez que entienda cómo funciona, usted tiene el control y la computadora hará lo que usted le ordene.

La mayoría de los 14,883 distritos escolares en los Estados Unidos tienen computadoras. Un estudio conducido por la agencia de investigación Market Data Retrieval arrojó que había habido un aumento del 105% en el número de computadoras usadas en clase a través del país en el año escolar de 1992–93 a 1998. En el año escolar de 1992–93, había 3.6 millones de computadoras; en 1998 el número ascendió a 7.4 millones. El estudio también arrojó que en 1998 había 6.3 millones de estudiantes por computadora. Tamara Henry resumió el estudio en la tirada del 26 de enero de 1999 de USA *Today.* Trate de averiguar la siguiente información sobre la escuela de su hijo:

1. ¿Cuál es el número de estudiantes por computadora?
2. ¿Cuál es el modelo de computadora que usan en la escuela?
3. ¿De qué año son estas computadoras?
4. ¿Cuál es el costo de mantenimiento de la computadora?

¿Cuáles son los principales componentes de una computadora?

Hay dos componentes en cada computadora: hardware y software. Hardware se refiere a la agrupación de cables, alambres y objetos de maquinaria. Entre éstos, los principales son el monitor, el teclado, la consola y el controlador o ratón.

El monitor es una especie de pantalla similar a la de televisión que sirve para desplegar información.

El teclado se parece al teclado de una máquina de escribir y sirve para escribir y para ejecutar los mandatos.

La consola se encuentra debajo del monitor o en una torre aparte que se coloca en el escritorio o en el piso. Se considera la parte más importante de la computadora. Es en la consola donde se halla el "cerebro" de la computadora. Es allí donde se guardan los datos y donde se insertan los discos de programas, juegos u otra información.

El ratón o controlador es un aparato pequeño conectado a la computadora por un alambre forrado y se manipula manualmente. Tiene un pulsador a la derecha y otro a la izquierda para mover el cursor o indicador en la pantalla en cualquier dirección. El cursor o indicador es un pequeño símbolo, con frecuencia una flecha o línea, que indica el lugar en que se halla en la pantalla. Este aparato se usa para seleccionar la información o el programa que desea en el monitor. Al colocar el indicador sobre algún símbolo o programa y pulsar el botón del ratón o controlador, usted tiene acceso al mismo.

El "software" es el componente del cual depende la computadora para funcionar. Es un equipo programado en discos compactos redondos (CDs) o en discos suaves de forma cuadrada. Estos discos se insertan en un lugar determinados en la consola. Al insertar un disco en la computadora, se descarga el programa del mísmo para que la computadora pueda utilizarlo. Algunos ejemplos de "software" son Microsoft Word y Excel.

¿Qué aprenden los niños sobre las computadoras en la escuela?

Los niños aprenden a reconocer los componentes de una computadora y a encenderla y apagarla. Aprenden a utilizar el controlador o ratón para navegar en la pantalla, a trabajar con un texto y a seleccionar programas y funciones. Los niños también aprenden a manejar el teclado y a reconocer las funciones de la computadora de acuerdo a las teclas que se pulsen. Aprenden a usar la computadora para procesar palabras, lo que es como utilizar una máquina de escribir. La computadora expedita la escritura de reportes y monografías porque se pueden mover las palabras y las oraciones y cambiar lo que se escribe con más facilidad. Los niños aprenden también a usar la impresora para obtener una copia de lo que escriben o de la información que encuentran.

Además los niños pueden aprender a manejar esquemas gráficos o fotografías y hacer cuadros, tablas y gráficos ellos mismos. Asimismo pueden practicar a conectarse al Internet para buscar información en el World Wide Web (www), que se conoce como *estar en línea*. Con frecuencia se describe el Internet como una "carretera electrónica" que conecta millones de computadoras alrededor del mundo. El World Wide Web es el área gráfica del Internet que contiene sitios. Un sitio en el Web se compone de un grupo de páginas vinculadas sobre un tema o para una compañía u organización.

En el Internet un estudiante puede encontrar muchos sitios. Hay sitios en el Web para individuos, negocios, instituciones, agencias, organizaciones y otros recursos. Estos sitios, como sucede con revistas, libros, enciclopedias y periódicos, contienen información. Los niños pueden cobrar acceso a los sitios en el Web para buscar información sobre deportes, medicina, periódicos, automóviles, moda, productos, estadísticas, temas de estudio en la escuela y prácticamente cualquier tema imaginable.

En la escuela los niños aprenden a usar el correo electrónico (e-mail en inglés). En vez de enviar una carta por el correo tradicional, aprenden a enviar un mensaje electrónicamente por medio de la computadora. Los niños también se enteran de que pueden obtener una dirección electrónica para sí por medio de un proveedor de servicios del Internet (Internet Service Provider o ISP). Es necesario registrarse como usuario para obtener una dirección propia, así como para conectarse al Internet. Se paga una cuota por estos servicios.

Los niños aprenden sobre los proveedores de servicios (Internet Service Providers) más populares, como son America Online, Prodigy, WorldNet, Earthlink, Microsoft's MSN, Juno y MindSpring. Existen muchas otras compañías locales que proveen acceso al Internet. Los proveedores de servicios del Internet se diferencian en la cantidad que cobran por el uso de sus servicios, en el número de horas disponibles al usuario, en la rapidez con que se puede el usuario conectar al Internet y en el grado de control que los padres pueden ejercer sobre el material en línea al que sus hijos tienen acceso.

¿Cómo pueden los padres ayudar a sus hijos a mejorar sus destrezas de computación?

Tal vez usted pueda pensar en otras formas creativas, además de las que siguen:

- Así como un niño puede aprender a tocar mejor el piano si dispone de uno en su casa, lo mismo sucede con la computadora. Compre una computadora si tiene los medios para ello. Muchas computadoras son baratas. Aquellos padres que no puedan costear una computadora pueden averiguar si hay una escuela, biblioteca o iglesia cerca de su casa que disponga de una. En muchos de estos lugares le permiten al público usar las computadoras durante horas específicas. Acompañe a su hijo a estos lugares varias veces por semana para que practique. Cuando sea posible, practique usted también para adquirir más conocimiento de la computadora.
- Siempre que tenga oportunidad, por ejemplo en los eventos de puertas abiertas en las escuelas o en las conferencias para padres, examine el software o programas de computadoras adquiridos por la escuela. Encontrará que existen programas de lectura, matemáticas, ciencias y otras disciplinas. Averigüe cuáles se usan en la clase de su hijo. Si desea comprar un programa para que su hijo lo use en casa, pregúntele a la maestra de su hijo cuáles son los mejores.
- Hable con su hijo diariamente sobre lo que aprendió de las computadoras en la escuela. Anímelo a emplear términos relacionados con la computadora en su discusión para desarrollar este vocabulario técnico. Invítelo a buscar con usted las definiciones de los términos que no comprenda.
- Concierte una entrevista con la maestra de computación de su hijo. Pídale sugerencias sobre lo que puede usted hacer para mejorar las destrezas de computación de su hijo. Los maestros son una excelente fuente de información al respecto.
- Muchas librerías y bibliotecas tienen libros o revistas que describen los tipos de programas (software) para uso en casa. En ellos se hace una evaluación de los programas y se identifica aquéllos que resultan fáciles para padres y estudiantes. Revise estos libros.

- Hay una biblioteca electrónica en el Internet donde los estudiantes pueden encontrar la información que buscan. El sitio en el Web es el siguiente: **www.elibrary.com**. Una vez que haya entrado al sitio, escriba la pregunta o el tópico que investiga y pulse donde dice "go" (siga). En el sitio le darán instrucciones sobre lo que tiene que hacer para conducir la investigación. Este recurso electrónico ha estado disponible desde 1995 y ha sido de utilidad a miles de estudiantes. El usuario debe registrarse y pagar una cuota para usar este servicio.

Existe otro sitio en el Web que es una mina de oro para los niños que tienen dificultades con las asignaciones escolares. Este sitio ofrece información en ciertas materias útiles para diversos grados. No se paga ninguna cuota. Este sitio es el siguiente: **www.refdesk.com.** El siguiente sitio también puede resultar de interés para los padres: **www.edu-cyberpg.com.** Los padres pueden conectarse a numerosos recursos educativos que pueden compartir con sus hijos.

Adquiera el conocimiento sobre computadoras si no lo tiene aún: ¡Lea!

Así como una talla en ropa no le sirve a todo el mundo, tampoco existe un libro que sea útil para todos los padres a quienes les interese saber de computadoras. Las bibliotecas y tiendas en todas las comunidades tienen material sobre computadoras. Lo único que necesita hacer es buscar ese material. Los siguientes libros explican de una manera sencilla los elementos fundamentales sobre el uso de computadoras y merita una lectura de parte de los padres: *PC's for Dummies (Computadoras personales para brutos)*, 7ma edición, por Dan Gookin y publicado en 1999, y el libro *The PC Dads Guide to Becoming a Computer-Smart Parent (Manual de los padres para convertirse en experto en computadoras)*, por Mark Ivey y Ralph Bond, publicado en 1999.

¿Cuáles son las principales quejas sobre las computadoras en y fuera de las escuelas?

Algunos cuestionan el beneficio del uso de computadoras en las escuelas. Un programa especial de la cadena de televisión ABC del 29 de septiembre de 1999 reportó que el número de computadoras en las escuelas había aumentado grandemente pero que no sucedió lo mismo con las notas en los exámenes. En el programa se reconoció que se había invertido varios billones de dólares en programas de computadoras (software) para las escuelas y que sin embargo de esta enorme inversión el rendimiento académico de los estudiantes había mejorado poco.

A muchos les preocupa el hecho de que mientras más tiempo se emplee en la computadora se dedica menos tiempo a la lectura y a la interacción verbal. Además muchas escuelas no disponen de fondos para adquirir programas caros para usar en las computadoras. De ese modo, están en desventaja frente a las escuelas afluentes.

Otra de las quejas se relaciona a los maestros. Algunos maestros parecen temerles a las computadoras o sentirse amenazados por ellas. También podría darse el caso de que no se sientan atraídos por la computadora porque no están sacando el mejor provecho de esta tecnología. Según el informe del programa de la cadena ABC en 1999, uno de cada cinco maestros no incorpora seriamente el uso de la computadora en sus clases.

Fuera de la escuela, los estudiantes que pueden conectarse al Internet tienen acceso a sitios en el Web sobre material pornográfico. El número de estos sitios se multiplica y la posibilidad de supervisión es mínima. A la vez son fácilmente accesibles a los niños. El gobierno y las compañías de Internet se han unido al esfuerzo de los padres en buscar modos de mantener a los niños alejados de estos sitios. Están buscando, como los padres, la forma de bloquear el acceso a sitios en el Web que exhiben o venden información inapropiada para los niños.

Los padres deben pedir ayuda a su proveedor de servicios de Internet (Internet Service Provider). Muchas de estas compañías ofrecen medios para que los padres puedan evitar el acceso de sus hijos a estos sitios indeseables del Web.

Es posible que los niños tengan acceso a material que promueve los intereses de grupos con intolerancia social, así como la violencia, el ocultismo, la producción de bombas y otros temas perjudiciales. Hay algunos servicios de computadora que les permiten a los padres filtrar o cerrar los sitios que presentan material al cual tengan objeciones para evitar así que los niños tengan acceso a ellos. Los padres deben llamar a su proveedor de servicios de Internet para averiguar la manera de hacer esto.

Algunos sitios del Web recopilan información sobre niños de 13 años para abajo. El congreso, cuyos miembros se monstraron preocupados por esta infracción contra la privacidad, pasó una ley llamada Children's Online Privacy Protection Act of 1998 (Ley para la privacidad infantil en línea). En 1999 el congreso formuló las últimas reglamentaciones de esta ley. Desde abril del año 2000 las compañías tienen que proclamar en su sitio en el Web el tipo de información que piden de los niños y el uso de la misma. Antes de proclamar o vender la información que recopilen de algún niño, los sitios en el Web deben obtener el permiso de los padres ya sea a través de una tarjeta de crédito, por correo electrónico, por teléfono o por escrito. Estas regulaciones gradualmente pondrán a los padres al tanto y en control de la información obtenida por sus hijos en diferentes sitios.

Finalmente, el niño que pasa tiempo frente a una computadora en la escuela y en su casa corre el riesgo de hacerse perezoso. Al hacer esto no hacen todo el ejercicio que necesitan. Los niños pueden convertirse en "zombis de la computadora" si pierden interés por otras actividades sanas para niños de su edad. Es importante que los padres limiten el tiempo que sus hijos pasan frente a la computadora, así como hacen con la televisión. De este modo el bienestar físico y las actividades sociales no caen en descuido.

UN REPASO DE LOS ELEMENTOS EXPEDITIVOS DEL APRENDIZAJE

1. Las cuatro fuentes de información son las siguientes:

   M ____________________

   T ____________________

   E ____________________

   C ____________________

2. Los elementos en común de los textos son:

   ____

   ____

   ____

   ____

3. Señale una manera en la que usted puede motivar a su hijo a estudiar con otros niños en su casa.

____

____

4. Discuta las maneras en que usted puede ayudar a su hijo a desarrollar destrezas para el uso de computadoras.

____

____

____

____

PASS Taller/Módulo 5

Destrezas de tomar notas

GUIA DE ESTUDIO PARA LOS PADRES 5

ENFOQUE Tomar notas y organizar información

PROPOSITO Desarrollar un entendimiento de la actividad de tomar notas en la clase y de la organización de información

DESTREZA Guiar al niño en el aprendizaje de varias técnicas para anotar y organizar información

REFLEXION Compartir sus ideas, antes y después de esta lección, sobre la manera de mejorar las destrezas de su hijo para tomar notas

Antes:

Después:

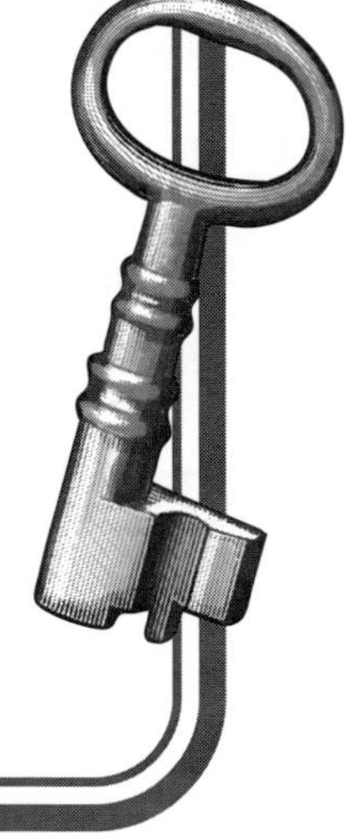

LA ACTIVIDAD DE TOMAR NOTAS

SEIS PAUTAS PARA LOS PADRES

Tomar notas o anotar las ideas importantes es una destreza de estudio crítica. Es una destreza que los niños necesitan más y más mientras van pasando a grados superiores. Debe ser enseñada en los primeros grados de la escuela primaria. Los estudiantes que aprenden a tomar buenas notas tienden a salir bien en la escuela. Los que no aprenden no salen tan bien. Algunos maestros dedican algón tiempo a enseñar a los estudiantes a tomar notas, pero la mayoría no lo hacen.

Es menos probable que olvidemos la información que escribimos. Eso es lo que significa tomar notas y escribir datos importantes. Las notas son como una red que atrapa y almacena ideas. Tomar notas es un talento que los padres les pueden enseñar a sus hijos para ayudarlos a aprender.

Tomar notas requiere de práctica. Es posible que la práctica no lleve a la perfección, pero sí al mejoramiento. Como sucede con cualquier destreza, tomar notas se hace más fácil con la repetición.

Si sus hijos son muy pequeños para escribir, anímelos a que tomen notas mentalmente. Pueden hacer esto hablando consigo mismos o repitiendo lo que ven y oyen. Si sus hijos saben escribir deben ser aconsejados a que aprendan uno de los múltiples sistemas para tomar notas empleados por los estudiantes.

Su hijo puede usar una grabadora en clase y tomar notas después. Algunos educadores fruncen el seño ante esta práctica. Piensan que es muy difícil obtener información mediante la tarea ardua de adelantar y rebobinar la cinta. Arguyen que el proceso de grabar lleva más tiempo que tomar notas durante la clase. Por otra parte, en algunas escuelas se prohibe el uso de grabadoras en las clases.

Tomar notas es un ejercicio individual. Cada niño toma nota de una manera diferente. Por esta razón resulta difícil para los padres ayudar a sus hijos a tomar notas. Sin embargo, hay algunas directrices que los padres pueden seguir al ayudar a sus hijos a desarrollar el talento de anotar datos.

Pauta 1 para los padres: Recalque la idea de que tomar notas ayuda al estudiante.

- ❖ Tomar notas beneficia al estudiante de varias maneras. Primeramente, lo involucra directamente en el proceso de aprendizaje. No sólo tiene que escuchar sino también ejercitar los músculos y la mente al escribir la información que escucha. El simple acto de escribir obliga a los niños a estar alerta, a prestar atención y a participar en la clase.

- ❖ Segundo, cuando los estudiantes toman notas crean un registro permanente de datos importantes que leen, escuchan u observan. Al escribirse lo que se aprende se preserva como fuente de referencial para más tarde.
- ❖ Tercero, tomar notas permite evocar grandes ideas y detalles. Se suele olvidar fácilmente lo que se lee en un libro o lo que dice la maestra. Tomar notas es una manera en que el estudiante se asegura de no perder información importante. Es una técnica para el mejoramiento de la memoria.
- ❖ Por último, al tomar notas se aprende destrezas de organización. Se desarrolla un proceso lógico de recopilar y almacenar información. Estas son destrezas útiles en cualquier área de la vida.

Pauta 2 para los padres: Recalque la función importante de los cuadernos.

Los estudiantes necesitan algo donde escribir las notas. Casi cualquier pedazo de papel serviría para este propósito. Sin embargo, un cuaderno con líneas es el mejor lugar para tomar notas. Si no es posible comprar cuadernos, se pueden grapar hojas sueltas de papel y usarse como cuaderno. En lo posible, debe haber un cuaderno para cada asignatura: un cuaderno de ciencias, uno de ciencias sociales, etc.

Los padres deben revisar el cuaderno del niño periódicamente. Fíjese en las notas que toma su hijo, en la manera en que escribe y si las anotaciones tienen sentido. Repase los siguientes puntos con sus hijos y prosiga a revisar el cuaderno de acuerdo a estas reglas:

1. Claridad: ¿Se pueden leer y entender las notas?
2. Grado de contenido: ¿Cubren las notas un tema de manera adecuada, completamente?
3. Nitidez: ¿Están escritas las notas con cuidado?
4. Organización: ¿Están las notas organizadas de una manera sistematizada, lógica y ordenada?

Pauta 3 para los padres: Ponga énfasis en la necesidad de sistematizar la actividad de tomar notas.

Los buenos estudiantes no apuntan las notas al azar, sino que siguen un sistema. Un sistema es un plan que consiste de componentes complementarios que ayudan a hacer una mejor labor. Un sistema de tomar notas cuidadosamente organizado consiste en tres partes: abreviación, revisión y repaso.

Abreviación

Tomar notas es una especie de taquigrafía o compresión del lenguaje. Es una manera de escribir en forma condensada. Las notas resumen, bosquejan o seleccionan.

Se le debe recordar al niño que abrevie lo que lee y oye y no lo escriba todo palabra por palabra. Tampoco debe escribir en oraciones completas.

Los estudiantes deben hacer de la actividad de tomar notas algo personal. Esto significa que deben usar sus propias palabras cuando toman notas. También deben crear su propio código, símbolos, marcas o abreviaciones para acelerar la actividad de tomar notas y no perder tiempo. Los siguientes símbolos son ejemplos de abreviaciones:

& 5 and (y)	IM 5 important (importante)	? 5 pregunta
St. 5 street (calle)	inf. 5 information (información)	1 5 añadir/aumentar
$ 5 dinero	♥ 5 amor/caridad	□5 camino, paso o ruta

Las notas deben ser escritas de una manera que el niño las entienda. Anime a su hijo a usar siempre el mismo sistema de abreviaciones, uno que tenga sentido para él.

Revisión

Las notas deben ser revisadas y editadas tan pronto como sea posible después que las haya escrito porque la memoria aún está fresca. Revisar o editar se refiere a la re-escritura, la clarificación, la ampliación y corrección de las notas para que se puedan entender. Este proceso le permite al estudiante revisar las notas para ver si tienen sentido, así como también arreglar lo que se ha escrito rápidamente o apuntado bajo la presión de terminar. En la revisión se puede deletrear enteras las palabras antes abreviadas, interpretar los símbolos, confirmar los datos, corregir inconsistencias y acortar el bosquejo.

Aconséjele a su hijo que le pida a la maestra que clarifique las notas cuando no las entienda. Cualquier clarificación hecha por la maestra debe ser añadida a las notas. Estas clarificaciones deben ser insertadas en el lugar correspondiente en las notas del niño.

Repaso

El tercer componente del sistema de tomar notas es el repaso. Después de revisar y editar las notas, éstas deben ser leídas una vez más. Un repaso es más que un vistazo general. Es una examinación detallada que lleva el objetivo de preparar al estudiante para un examen o actividad en clase.

Su hijo sacará mejor provecho de tomar notas si hace múltiples repasos. El repaso se debe hacer por lo menos tres veces:

1. Inmediatamente después de la revisión.
2. Al finalizar la semana en que las notas se tomaron.
3. Antes de un examen o actividad en clase que se basa en las notas.

Repasar las notas le permite a su hijo entender más claramente cómo encaja cada trozo de información en el todo. A la vez le permite al niño ver el contexto más general de lo que se estudia. Acostúmbrese a pedirle a su hijo que revise las notas de matemáticas, ciencias sociales, ciencia natural, artes lingüísticas y otras asignaturas semanalmente. Con esto usted mejorará el nivel de aprendizaje de su hijo.

Para recordar lo que acaba de estudiar, escriba los tres principales componentes del sistema de tomar notas en los siguientes espacios:

A ____

R ____

R ____

Pauta 4 para los padres: Insista en la importancia de saber fórmulas comunes para tomar notas.

Se espera que los niños obtengan diferentes tipos de información en la escuela. Aprenden ideas, fechas, eventos, nombres de personas, causas y efectos. También aprenden a comparar, a analizar, a evaluar, a componer, a preguntar y a resolver problemas. El material que se estudia con frecuencia determina la manera en que se toma notas.

Hay muchas maneras de tomar notas. Los instructores de esta materia, sin embargo, ponen énfasis en varios métodos:

- Enumerar elementos.
- Hacer anotaciones en los márgenes de las páginas.
- Subrayar o destacar con un marcador los puntos claves de las notas.
- Hacer esquemas con diagramas y cuadros.
- Resumir ideas principales.

Cada uno de estos métodos se ilustran en el cuadro en la siguiente página.

TOMAR NOTAS

Notas	Información/descripción	Ejemplos
Método 1: Enumerar elementos	Lista de fechas, batallas, causas, efectos, divisiones, fórmulas y otros elementos que convenga enumerar.	Tópico: los primeros años de las guerras americanas 1776—Guerra revolucionaria 1812—La guerra de 1812 1861—Guerra Civil 1889—Guerra entre España y Estados Unidos 1917—Primera Guerra Mundial
Método 2: Anotar en los márgenes de las hojas	Este método se emplea para hacer resaltar los puntos o ideas principales de una lectura en un libro.	Hay camiones de bomberos en todas las grandes ciudades. Estos salvan vidas y propiedades. Hay camiones de todo tamaño y modelo. Los camiones, poderosas máquinas, hacen mucho ruido. Su mayor utilidad es salvar vidas y propiedades. (Estas oraciones se pueden abreviar con palabras o frases.)
Método 3: Subrayar, destacar con marcador	Subrayar ideas claves; poner estrellas, asteriscos, etc., al lado de datos que debe recordar; o colorear ideas claves con marcadores.	Las causas principales de la Guerra Civil
Método 4: Representación gráfica usando diagramas y cuadros	Cuando es importante saber la relación entre elementos o datos, se debe trazar tablas, dibujos o diagramas para ilustrar ideas, hechos o procedimientos. Estos "mapas" o representaciones gráficas muestran la relación entre ideas o elementos.	Composición del congreso Casa de Representantes (435) (senadores) | Senado (100) (cada estado tiene 2)
Método 5: Resumen de ideas centrales	Esto se hace para condensar información o para resumir lo que dice la maestra o lo que se lee.	**Resumen** Hay muchos modos de tomar notas. Los principales son escribir anotaciones en los márgenes, representar con diagramas, enumerar, resaltar con marcador y resumir.

METODOS DE BOSQUEJO

El método más común de tomar notas es hacer un bosquejo. Utilizado con amplitud, el bosquejo divide y distribuye la información siguiendo una jerarquía, orden o patrón. Las notas con frecuencia se organizan de esta manera para señalar la relación entre hechos e ideas. Los puntos menos importantes normalmente se colocan debajo de los más importantes. Las ideas muy abarcadoras se subdividen en pequeños trozos de información. Las conexiones entre trozos de información se recalcan con un marcador.

El bosquejo es una técnica de tomar notas que es popular por varias razones. Las principales son que ahorra tiempo y que se puede aprender fácilmente.

Una estrategia para hacer un bosquejo es dividir una hoja de papel en tres partes o a la mitad. Si se divide a la mitad, una de ellas se puede usar para anotar las ideas importantes y la otra para las ideas menos importantes o las subcategorías. Otra estrategia para hacer un bosquejo es emplear columnas y secciones con márgenes organizadas en orden descendiente, así como el bosquejo siguiente:

TOPICO

Fecha ______________________________

Columna 1	Columna 2
Idea central 1	— detalles
	— detalles
Idea central 2	— detalles
	— detalles
Idea central 3	— detalles
	— detalles
Idea central 4	— detalles
	— detalles

A medida que van creciendo, los niños pueden refinar sus técnicas para hacer bosquejos. Para cualquier niño, el sistema de dejar márgenes tiene el útil propósito de destacar ideas importantes. Es también una forma de señalar la relación entre trozos de información y la forma en que cada uno encaja en el todo. Examine el ejemplo siguiente de organizar notas:

TOPICO: LA GUERRA CIVIL

Ideas claves

— la peor guerra en la historia de la nación

— demostró la incapacidad del norte y del sur para tranzar y llegar a un acuerdo pacíficamente

— dividió al país y más tarde volvió a unirlo

Cosas importantes para estudiar

1. Causas de la guerra
   a.
   b.
   c.
2. Mayores disputas en la guerra
   a.
   b.
   c.
3. Lincoln y Lee
   a.
   b.
   c.
4. Batallas críticas
   a.
   b.
   c.
5. Paz y reconstrucción
   a.
   b.
   c.

Ejercicio para que los padres hagan un bosquejo. Una noche mire un programa informativo en la televisión. Escuche atentamente lo que dicen y esté alerta a la mención de las ideas importantes y las secundarias. Haga un bosquejo sobre eso en esta página. Asegúrese de fechar esta hoja y de abreviar toda la información. Los padres deben comparar las notas que cada uno tiene para ver lo que han aprendido.

TOPICO ____________________ FECHA ____________________

Ideas importantes	Ideas secundarias
1.	a.
	b.
	c.
2.	a.
	b.
	c.
3.	a.
	b.
	c.

"MAPPING" O DIAGRAMAS

Un acercamiento relativamente nuevo con el objetivo de tomar notas y de retener lo aprendido se llama "mapping" o representación gráfica que simula un mapa geográfico. Es un sistema consistente con la forma en que el cerebro funciona. El cerebro percibe y procesa las fotos, patrones e ilustraciones vívidas con más rapidez que las palabras. En este sistema, el estudiante debe enmarcar las notas en forma de diagramas, dibujos o esbozos. Esta representación gráfica muestra el conjunto abarcador de la información y hace resaltar la materia estudiada. Este método de tomar notas mejora la habilidad del estudiante para recordar y comprender la información. Los padres deben pensar en familiarizar a sus hijos con esta técnica.

Hay cuatro fases en este sistema de representación gráfica que se pueden implementar fácilmente al tomar notas. La primera fase consiste en colocar el principal tópico estudiado en el centro de la página. La mente tiende a enfocarse en lo que está en el centro. Nuestro tópico es "Océanos."

Océanos

La segunda fase comprende la adición de ramas o líneas centrales. Estas deben extenderse del tópico principal y representar subtópicos importantes. Cada rama o línea debe ser diferente en color o forma y debe tratar de un solo subtópico.

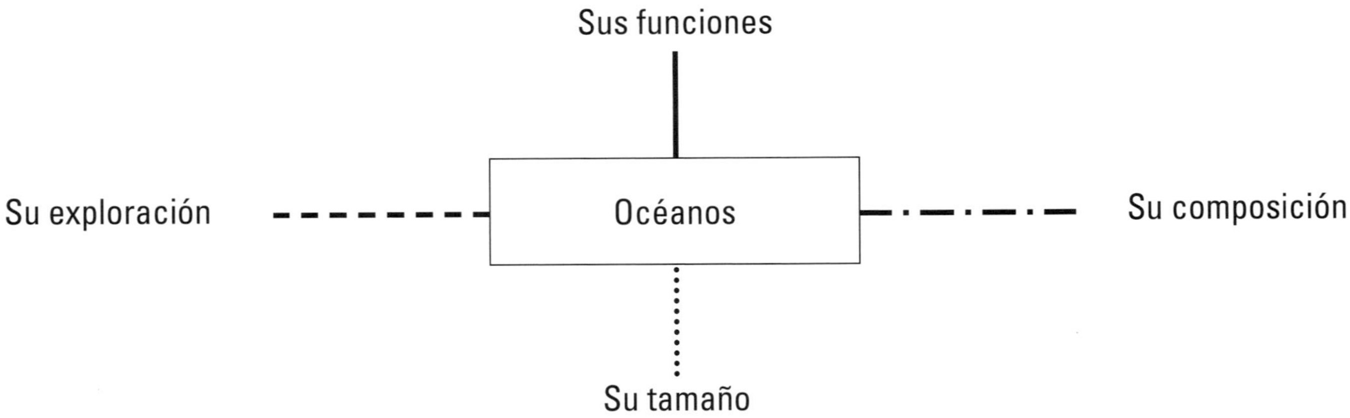

En la tercera fase se añaden detalles a las ramas o líneas representativas de subtópicos. Pueden conectarse a los subtópicos por medio de líneas. Estas líneas presentan información ampliada sobre los subtópicos. También se pueden añadir líneas a esta información ampliada para insertar aún más detalles.

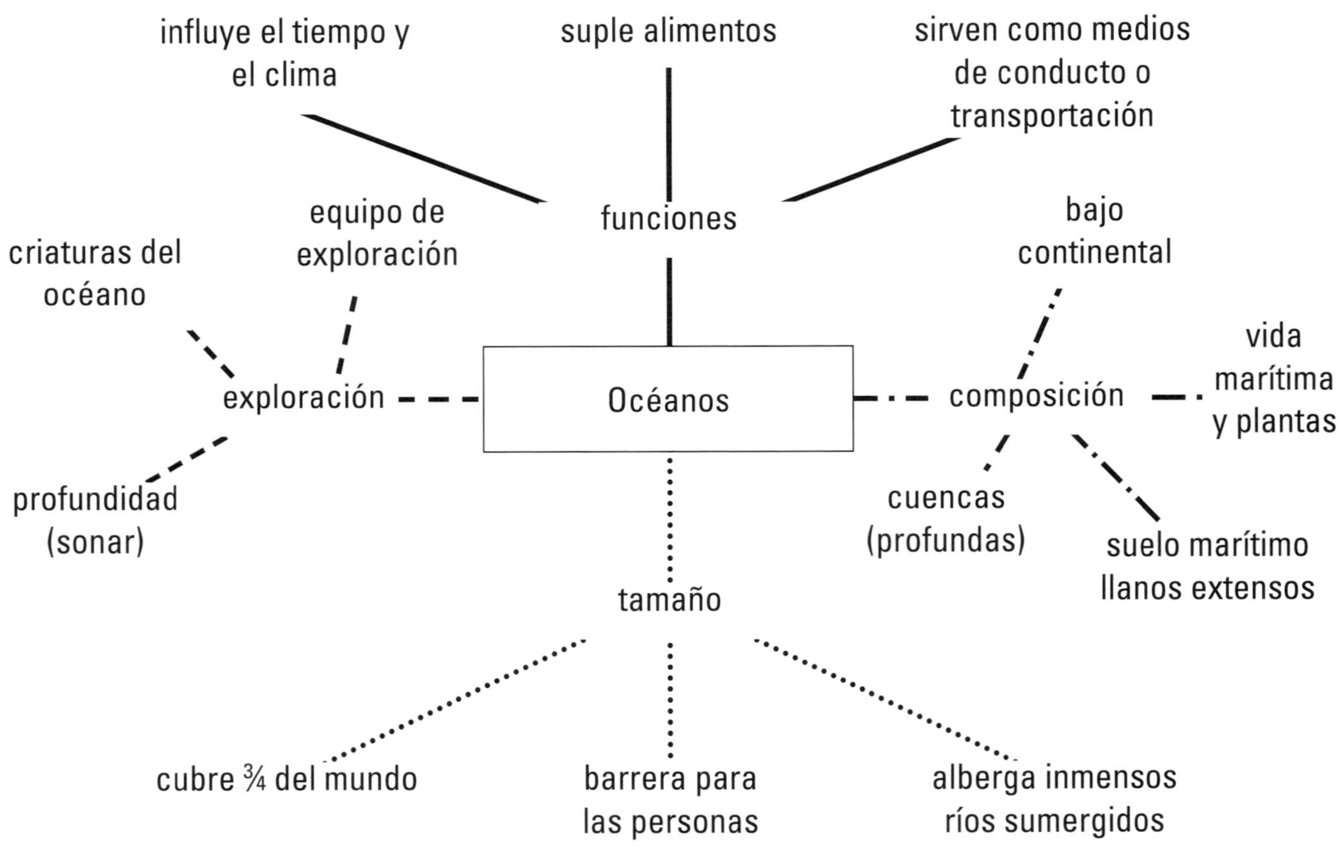

La última fase de la representación gráfica consiste en personalizar la información. Es aquí cuando los estudiantes crean sus propios símbolos, signos, códigos o abreviaciones que los ayudan a recordar datos y a identificar las relaciones entre éstos. Por ejemplo, un estudiante puede crear un recurso nemotécnico basado en acrósticos o en siglas con algún significado, como por ejemplo FETCO4, para desatar la actividad de evocar información sobre los océanos. El estudiante también puede dibujar símbolos que representen eventos, ideas o conceptos particulares.

FETCO4 se relaciona al tópico "Océanos" (este tópico principal está representado por la letra más grande: O). Los cuatro aspectos (4) que se deben recordar sobre los océanos son los siguientes: sus funciones (F), su exploración (E), su tamaño (T) y su composición (C).

Pauta 5 para los padres: Ponga énfasis en la importancia de reconocer las pistas que da la maestra.

Ya que el conocimiento crece cada día, así también aumenta el material que los maestros enseñan y que esperan que los estudiantes aprendan. Los mastros esperan que los estudiantes sepan distinguir lo importante de lo trivial. Los padres pueden ayudar a los maestros en esta tarea. Por principio se debe entender de dónde sacan información los estudiantes.

Generalmente los estudiantes tienen dos fuentes de información. Estas son los materiales educativos (libros, hojas de trabajo, apoyo audiovisual, computadoras, etc.) y sus maestros. Es más fácil tomar notas al emplear los materiales educativos que de los maestros. Esto es así porque el estudiante puede regular el ritmo de estudio al emplearse estos materiales. Ya que pueden hacer pausas en el ritmo de estudio con dichos materiales, los estudiantes tienen más tiempo para anotar datos importantes.

Tomar notas de una maestra es asunto aparte. Resulta más difícil. Algunos maestros hablan rápidamente y a otros es difícil seguirlos. Por eso decidir lo que se debe escribir y recordar de las presentaciones de los maestros se convierte en una tarea ardua para muchos estudiantes. Ya que los maestros son la fuente principal de información en la clase, los estudiantes tienen que saber manejar lo que dicen los maestros para tomar notas.

El primer paso para aprender a tomar notas de lo que dicen los maestros es ser un oyente atento y un buen observador. Los padres pueden ayudar a sus hijos a sacar mejor provecho de los maestros concientizándolos sobre las pistas o señales que dan los maestros sobre la importancia del material. Prepare a su hijo para que tome notas de ciertas cosas que hace la maestra:

1. Da definiciones.
2. Hace comparaciones.
3. Enumera datos.
4. Presenta palabras claves, dibujos o ideas.
5. Pone énfasis en ciertos puntos. En particular, esté atento a las siguientes frases:
   "Esto es importante."
   "Van a ver esto de nuevo."
   "Esto se incluirá en el examen."
   "Estudien especialmente este material."
   "Recuerden esto."
6. Da ilustraciones (narra un cuento, pasa una película o muestra transparencias, muestra algún objeto o un mapa, distribuye un diagrama).
7. Hace preguntas (en particular preguntas de repaso).
8. Pone énfasis en los objetivos de la lección.

Pauta 6 para los padres: Insista en la importancia de tomar notas de lo que se lee.

Los estudiantes comúnmente adquieren información para monografías, proyectos y exámenes leyendo materiales como libros, revistas, periódicos, enciclopedias, almanaques y páginas en el World Wide Web (red mundial de computadoras). Es más fácil para la mayoría de los estudiantes usar el bosquejo discutido con anterioridad para tomar notas de estas lecturas.

Sugiérale a su hijo que apunte información de las lecturas que haga para contestar las siguientes preguntas:

¿Quién? ¿Qué? ¿Cuándo? ¿Dónde? ¿Por qué? ¿Cómo?

Los estudiantes no deben escribir las respuestas a estas preguntas en oraciones completas—una palabra o frase corta que sirva para acelerar la memoria es suficiente. Si su hijo encuentra en la lectura alguna idea, dato o aseveración impactante que lo inspira o lo conmueve, puede copiarlo palabra por palabra poniéndolo entre comillas. Debe asegurarse de que su hijo apunta la fuente de la cita.

Tomar notas es un atajo hacia el aprendizaje. Ayuda a que los estudiantes recuerden información importante. Al tomar notas se señala las personas, lugares, cosas o ideas sobre las cuales se espera que sus hijos aprendan en la escuela.

Recuérdeles a sus hijos que, después de repasar las notas de las lecturas o de las clases, deben habituarse a cerrar los ojos y tratar de formarse una imagen visual del contenido de las notas. Dígales que repetir el material para sí mismos puede afianzarlo aún más en la memoria.

REPASO Y DISCUSION PARA LOS PADRES

Hay seis pautas para los padres que ayudan a reforzar las habilidades para tomar notas de sus hijos. Trate de nombrarlas. Si no puede hacerlo, vuelva a las páginas donde se discuten y cópielas abajo:

Pauta 1 para los padres

Pauta 2 para los padres

Pauta 3 para los padres

Pauta 4 para los padres

Pauta 5 para los padres

Pauta 6 para los padres

PASS: Taller/Módulo 6

Cómo prepararse para los exámenes

GUIA DE ESTUDIO PARA LOS PADRES 6

ENFOQUE Prepararse para los exámenes en clase

PROPOSITO Familiarizarse con las estrategias para ayudar al niño a prepararse para los exámenes

DESTREZA Ayudar al niño a prepararse para los exámenes

REFLEXION Compartir sus ideas, antes y después de esta lección, sobre los exámenes de su hijo y el procedimiento que éste sigue cuando va a examinarse

Antes:

Después:

PRUEBAS Y EXAMINACIONES

PUNTOS A FAVOR Y EN CONTRA DE LOS EXAMENES

Las pruebas y los exámenes son una parte importante de la escuela. Como la mayoría de las cosas, los exámenes tienen su lado bueno y su lado malo. El lado bueno es que por medio de los exámenes se mide el grado de asimilación de una materia del estudiante. Los exámenes nos dan una idea de la calidad de aprendizaje de un niño. El lado malo de los exámenes es que producen ansiedad y miedo. Con demasiada frecuencia, los exámenes son la razón por la cual a los niños no les gusta la escuela.

Tomar exámenes consiste en dos procesos. Uno es estudiar y prepararse para un examen y el otro es tomar el examen. El proceso de preparación lleva más tiempo y algunos creen que es la parte más difícil. Por otro lado, tomar un examen tiende a ser una experiencia más estresante y puede causar ansiedad y lapsos de memoria.

¿Recuerda cómo se sentía usted respecto a los exámenes cuando estaba en la escuela? Los exámenes le producían manos sudorosas y palpitaciones del corazón, convirtiéndolo en un manojo de nervios. Pues sus hijos se sienten de manera similar. Mencionarles un examen pone en marcha una avalancha de nervios.

Cómo se sentía usted respecto a los exámenes

Exprese en el espacio de abajo los sentimientos que tenía usted sobre los exámenes cuando asistía a la escuela. Expréselos en la forma que desee: con líneas, dibujos, imágenes, colores, símbolos, palabras, etc. Después analice el producto final. Use el mismo ejercicio con su hijo. Esta actividad les permite a usted y a su hijo hablar de la ansiedad que crean los exámenes. También demuestra si usted tiene una actitud negativa, neutral o positiva hacia los exámenes.

Cómo me sentía/me siento sobre los exámenes

Los exámenes no son monstruos ni tienen colmillos y por eso no se les debe temer. Los padres pueden disminuir el pánico que sienten sus hijos y mejorar su rendimiento en los exámenes ayudándolos a entender que los exámenes son una parte normal de la escuela.

Cómo volverse "experto en exámenes"

Para empezar, los exámenes deben ser manejables para el estudiante. Su propósito general es ayudar a los estudiantes. A través de los exámenes se intenta averigüar lo que un estudiante ha aprendido. Los padres deben intentar convencer a sus hijos que la mejor manera de lidiar con un examen es aprendiendo a prepararse y convirtiéndose en un "experto en exámenes."

Hay diversos acercamientos para enseñar a sus hijos a ser entendidos en exámenes. No hay ninguno como sostener una conversación con su hijo sobre los exámenes. Hablar de exámenes puede ayudar grandemente a desmitificarlos. Comience por discutir con su hijo lo que es un examen y las oportunidades que presenta para el estudiante. Puede basar sus comentarios en el siguiente material:

1. **¿Qué es un examen?**

   Un examen comprende una serie de preguntas sobre una materia estudiada. Determina lo que un estudiante ha aprendido sobre un tópico o asignatura. Todos los que van a la escuela toman exámenes. En lugar de ser una fuente de ansiedad, los exámenes pueden ser una vía de oportunidades.

2. **¿Qué oportunidades presentan los exámenes para el estudiante?**

   Los exámenes les dan a los estudiantes la oportunidad de demostrar lo que saben, lo que han aprendido, así como también las áreas en que necesitan trabajar para ser mejores estudiantes. Es importante recordarles a los estudiantes que pueden aprender de la experiencia de tomar un examen y de los resultados del mísmo.

   Los exámenes son una especie de juego. Algunos niños no juegan bien porque no han aprendido las reglas del juego. Lo mismo sucede con los exámenes. La razón por la cual los estudiantes no salen bien en los exámenes es porque no se han preparado bien. Los exámenes retan a los participantes, como en un juego. Los estudiantes pueden enfrentarse al reto aprendiendo a jugar. Los exámenes, como los juegos, pueden ser divertidos.

COMO PREPARARSE PARA LOS EXAMENES

Usted acaba de presentarle un examen a su hijo como un juego para el cual los participantes se preparan para hacer lo mejor que pueden porque les gusta el reto. Considere la preparación para los exámenes como la clave para salir bien. Ponga énfasis en esto una y otra vez. Déle las siguientes razones a su hijo para prepararse para un examen:

1. Para eliminar el miedo que producen los exámenes.
2. Para salir bien en un examen y sacar buenas calificaciones.
3. Para evitar el pánico y el estrés.
4. Para averiguar lo que se ha aprendido y lo que no (e identificar las áreas que necesitan mejorarse).

Después siga los siguientes pasos para recordarle a su hijo la manera de prepararse para un examen. Recuérdele a su hijo

1. Asistir a clases consistentemente; estar presente en la escuela.
2. Leer siempre el texto y el material de clase antes de una discusión de ese material en clase.
3. Tomar notas en la clase y de las lecturas. Cuando tome notas, debe hacer resaltar los puntos importantes. Por ejemplo, subraye con una línea las ideas importantes y con dos líneas los detalles, coloque estrellas al lado de los datos de especial importancia o use colores diferentes para identificar los datos importantes y los secundarios.
4. Estudiar las notas antes de un examen, prestando atención a lo siguiente:
   - ❖ Aprende las definiciones de términos y conceptos.
   - ❖ Aprende las listas pormenorizadas (tres de esto y cuatro de aquello).
   - ❖ Aprende las categorías, las clasificaciones, los elementos y las partes.
   - ❖ Repasa los datos en los que se puso énfasis en clase.
   - ❖ Repasa las áreas que te indicó la maestra.
   - ❖ Repasa el material que la maestra escribió en la pizarra o que distribuyó en clase.
   - ❖ Repasa las preguntas en las guías de estudio y al final de los capítulos de los textos.
5. Preguntarle a la maestra el porcentaje de preguntas en el examen que se sacarán del siguiente material:

   ______1. del texto

   ______2. de lecturas relacionadas (manual, material aparte del de la case, etc.)

   ______3. de las notas

   ______4. de otras fuentes

   El tiempo que el estudiante debe emplear estudiando de cada material debe ser proporcional al número de preguntas que se harán de cada uno. Por ejemplo, si tres cuartos del examen se basa en el texto, tres cuarto del tiempo que pasa su hijo estudiando debe dedicarse al material del texto. O, por ejemplo, si la mitad del examen está basado en las notas de clase, la mitad del tiempo debe dedicarse a estudiar las notas.

COMO TOMAR EXAMENES

Otra vez, la mejor manera de lidiar con los exámenes es preparándose, y la preparación lleva tiempo. Convenza a su hijo de pasar suficiente tiempo para estudiar. El tiempo es la clave para prepararse para un examen. Incúlquele a su hijo que es responsabilidad del estudiante encontrar tiempo para prepararse para un examen. La rutina de su hijo para prepararse debe incluir la relectura del material y la redacción. Anime a su hijo a leer y a escribir datos que serán incluidos en los exámenes.

Relea el material buscando las ideas centrales y los detalles. Esto ayuda a retener el material. Mientras más veces se relee un material, más fácil es recordarlo.

Escriba las ideas claves, los términos y las definiciones. Esta es una práctica excelente para un examen. Cuando se pone alguna información por escrito, se hace un dibujo o imagen de ella que se recuerda por más tiempo.

Aconséjele a su hijo que trate de prever de antemano las preguntas que le pueden hacer en un examen. El material que se incluye en un examen proviene de los capítulos o secciones del texto o manual; de las discusiones en clase entre los maestros y los estudiantes; del material que la maestra escriba en la pizarra o de las hojas de actividades y ejercicios que distribuya en clase o de cualquier otro material de apoyo, así como también del material al cual las siguientes pistas se refieran:

"Esto va a estar en el examen."

"Espero que sepan esto."

"Van a ver este material nuevamente."

"Esto es de especial importancia."

"Un tercio de este material volverá a aparecer."

Con frecuencia los estudiantes no pasan suficiente tiempo preparándose para un examen, sino que embotellan el material el día antes del examen, tratando de aprenderlo todo a la vez. El cerebro simplemente no puede procesar una gran cantidad de información a la vez en un corto período de tiempo. Embotellar el material es la peor manera de estudiar para un examen. Es mucho mejor empezar a estudiar para un examen con días de anticipación.

Marcia J. Coman y Kathy L. Heavers, autoras del libro de 1999, *Improve Your Study Skills (Mejore sus destrezas de estudio),* sugieren que los estudiantes repasen el material para un examen cuatro a seis días antes del examen. Sugieren seguir la siguiente rutina:

La primera noche:	Lea el material rápidamente.
La segunda noche:	Vuelva a releer someramente; repase las notas; lea en alta voz los puntos principales y trate de poner atención a lo que dice.
La tercera noche:	Vuelva a leer las notas y estudie el material una vez más, repitiendo en voz alta lo que entiende de lo que lee.

La cuarta noche:	Prepare un examen de práctica y hágalo. Si sale muy bien, no necesita hacer nada más porque ya está preparado.
La quinta/sexta noche:	Si no sale bien en el examen de práctica que tome la cuarta noche, repase el material y repita el ejercicio del examen (esta vez suministrado por un amigo o por sus padres). Haga esto la quinta noche y, si es necesario, la sexta.

LOS PADRES COMO INGENIEROS DE EXAMENES

Los ingenieros están entrenados para dirigir hábilmente un proyecto de construcción. Del mismo modo, los padres se pueden entrenar para ser ingenieros y conductores de la preparación de su hijo para los exámenes.

Como ingeniero de examen, su tarea es hacer que su hijo entienda lo que comprende prepararse para un examen. Asegúrese de que su hijo se beneficie de lo siguiente antes de un examen:

- ❖ Un lugar callado donde estudiar.
- ❖ Suficiente reposo.
- ❖ Una comida nutritiva.
- ❖ Una palabra exhortativa o alentadora, tales como “Buena suerte en el examen,” “Haz lo mejor que puedas,” “Sé que vas a salir muy bien,” o “Demuéstrales lo mucho que sabes.”

Recuérdele a su hijo hacer lo siguiente cuando tome el examen:

1. Respirar despacio y profundo varias veces y poner los brazos y las piernas flácidas para relajarse.
2. Revisar todo el examen antes de contestar alguna pregunta. Echarle un vistazo al examen antes de empezar le da al estudiante una idea global del contenido.
3. Leer cuidadosamente todas las instrucciones para estar seguro de lo que tiene que hacer.
4. Estar atento al reloj para cerciorarse de que tiene el tiempo suficiente para completar todas las preguntas.
5. Distribuir el tiempo cuidadosamente.
6. No preocuparse de terminar antes que los demás.
7. No sentarse junto a estudiantes que lo molesten y evitar el ruido y las distracciones.
8. Tener a la mano plumas, lápices y gomas de borrar antes de tomar el examen.
9. Contestar primero las preguntas fáciles.
10. Marcar con una **X** o un signo de interrogación o encerrar en un círculo las preguntas difíciles. Es bueno saltar estas preguntas y volver a ellas más tarde.
11. Revisar las respuestas antes de entregar el examen.

Lo más importante es insistir en la importancia de empezar a estudiar con mucha anticipación para un examen. No espere a estudiar hasta el último momento. Lo mejor es comenzar a estudiar una semana antes del examen para poder repasar el material detenidamente.

Para ayudar a sus hijos a hacer esto, los padres pueden hacer dos cosas. Primero, convenza a su hijo de mantener portafolios de diferentes colores para cada asignatura. El niño debe tener la responsabilidad de decorar los portafolios. Todos los exámenes y otro material para una determinada asignatura se debe guardar en el portafolio correspondiente a la misma para ser usado como referencia en el futuro. Cuando se dé un examen comprensivo sobre una asignatura los padres pueden guiar a sus hijos a repasar el material que ha ido archivando en el portafolio.

Segundo, los padres deben construir un letrero con la ayuda del niño que diga "No interrumpa. Se estudia para un examen." Este letrero debe ser colocado cerca del niño cuando está estudiando para un examen, ya que pone énfasis en esta actividad. Juntos, los padres y el niño pueden decorar el letrero con gráficos de colores y frases llamativas. Un ejemplo es: "Mente en acción. Se acerca una examinación. No interrumpa a mi corazón." Haga un letrero lo suficientemente grande para que pueda ser divisado a distancia.

Reglas para los exámenes

Los padres deben aconsejar a sus hijos a hacerles a los maestros seis preguntas básicas que pueden servir de directrices para los exámenes. Cuando los niños tienen las respuestas a estas preguntas de antemano, estarán mejor preparados para manejar un examen. Las preguntas son las siguientes:

1. ¿Cuánto tiempo tiene el estudiante para hacer el examen?
2. ¿Se tienen que contestar todas las preguntas?
3. ¿Pierde puntos un estudiante si no contesta todas las preguntas?
4. ¿Se puede usar tanto una pluma como un lápiz en el examen?
5. ¿Se tiene que contestar las preguntas en un orden determinado?
6. ¿De qué tipo será el examen?

De todas estas preguntas, la última es la de mayor importancia para prepararse para un examen. Los estudiantes siempre deben saber cuál es el formato del examen porque esto determina la manera en que deben estudiar para un examen.

TIPOS DE EXAMENES

Hay dos tipos principales de examen. Estos son exámenes objetivos y exámenes de ensayo. A veces se da una combinación de los dos tipos.

Exámenes objetivos

En este tipo de examen, el estudiante debe identificar las respuestas o escribir definiciones cortas. Para estudiar para este tipo de examen generalmente hay que recordar muchos detalles. De hecho, un examen objetivo requiere la memorización y evocación de muchos detalles. Hay diferentes formas para estos tipos de exámen. A continuación se describen sus principales características. Se les aconseja a los padres discutir esta información con sus hijos para que se familiaricen con estos exámenes:

1. **Examen de cierto o falso.**
   - Estos exámenes presentan oraciones o aseveraciones.
   - Todas las partes de una aseveración tienen que ser ciertas para que la oración sea cierta.
   - Si cualquiera de las partes de una oración es falsa, una sola, la oración completa es falsa.
   - Las palabras "nunca" (never), "sólo" o "sólamente" (only), "siempre" (always) y "ninguno/a" (none) tienden a hacer una oración falsa.
   - No se debe poner más importancia en la oración que la debida. Usualmente la primera respuesta que se le ocurre es la correcta.
2. **Examen de opción múltiple.**
   - En este tipo de examen se dan de tres a cinco respuestas para una pregunta o declaración y el estudiante debe escoger la respuesta correcta o la más apropiada.
   - Es importante que el niño lea cada respuesta con cuidado.
   - Si el niño no puede determinar cuál es la respuesta correcta, ínstelo a poner un signo de interrogación (?) al lado de la pregunta y a volver a ella más adelante.
3. **Examen de pareado**
   - Como en el de opción múltiple, en este examen se presenta un grupo de respuestas usualmente divididas en dos columnas. El estudiante tiene que parear o conectar los elementos de una y otra columna que correspondan entre sí.
4. **Examen para completar con respuestas cortas**
   - En este tipo de examen hay que dar una palabra u oración corta para completar la respuesta.
   - En los exámenes de respuestas cortas usualmente se requiere algún tipo de análisis y opinión, así como también datos y detalles.

Exámenes de ensayo

El examen de ensayo o de respuesta larga es otra de las principales clases de examen. En este examen el estudiante arma una respuesta con oraciones y párrafos. Requiere de la habilidad de escribir y organizar información. Los exámenes de ensayo ayudan a desarrollar las destrezas para pensar al pedirle al estudiante que analice, compare, describa, interprete, evalúe y sintetice.

Los datos y los detalles son importantes en un ensayo pero la manera de organizarlos es aún más importante. Es por eso que muchos expertos en materia de exámenes les aconsejan a los estudiantes que hagan un bosquejo de la respuesta antes de escribirla. Un bosquejo le permite al estudiante organizar la respuesta antes de escribirla.

Cuando el niño se prepara para un examen de ensayo se le debe recordar lo siguiente:

1. Asegúrate de lo que tienes que hacer en la pregunta de ensayo. Fíjate en el verbo y ponle un círculo alrededor, un asterisco, estrella o cualquier otro símbolo. Haz exactamente lo que te indique el verbo, ya sea *discute, analice, explica, describe* o *interpreta.*

2. Comienza el ensayo con una introducción donde expliques lo que piensas hacer y cómo vas a presentar tus ideas.

3. Organiza el cuerpo del ensayo en una forma sistematizada y lógica, así como la forma siguiente:

   Idea central 1
   detalles, datos, ejemplos

   Idea central 2
   detalles, datos, ejemplos

   Idea central 3
   detalles, datos, ejemplos

4. Trata de establecer relaciones entre personas, eventos y elementos; compara y contrasta; identifica patrones.

5. Utiliza el vocabulario empleado en el texto o por la maestra en tu ensayo. Emplea la gramática correctamente y una estructura apropiada en las oraciones.

6. Termina el ensayo con una conclusión que repase y resuma los puntos principales del ensayo.

SUMINISTRADORES DE EXAMENES

Los padres necesitan saber que otra manera de ver los exámenes es en términos de su autoría. En relación a la autoría, los exámenes caen dentro de las siguientes categorías:

❖ Hay exámenes preparados por los maestros en la escuela de su hijo. Estos exámenes reflejan el material y las destrezas que la maestra de su hijo ha enseñado y considera importantes.

❖ Otros exámenes son preparados para distribución comercial por agencias que escriben o publican material educativo para las escuelas (por ejemplo, libros, manuales y material suplementario). Muchos maestros usan los exámenes incluídos en los textos.

❖ Los exámenes estandarizados son escritos por agencias suministradoras de exámenes que establecen las normas nacionales e imparten el mismo examen a grandes grupos de estudiantes.

Ahora que ha completado esta lección sobre cómo preparar a sus hijos para los exámenes, prosiga a la siguiente página y anote formas específicas para ayudar a su hijo durante la próxima semana a ser experto en exámenes. Para refrescar la memoria, repase esta lección.

COMO PREPARARSE PARA LOS EXAMENES CON LA AYUDA DE LOS PADRES

ESTA SEMANA YO voy a tomar las siguientes medidas para ayudar a mi hijo a prepararse para los exámenes:

____
(nombre del niño)

LUNES

MARTES

MIERCOLES

JUEVES

VIERNES

PASS Taller/Módulo 7

Destrezas de la memoria y de la facultad de pensamiento

GUIA DE ESTUDIO PARA LOS PADRES 7A

ENFOQUE Enseñar en casa a mejorar la memoria

PROPOSITO Examinar las técnicas para mejorar la memoria

DESTREZA Familiarizar al niño con estrategias útiles para el mejoramiento de la memoria

REFLEXION Compartir sus ideas, antes y después de esta lección, sobre las maneras de fortalecer la habilidad de su hijo para recordar

Antes:

Después:

GUIA DE ESTUDIO PARA LOS PADRES 7B

ENFOQUE Enseñar en casa destrezas para pensar

PROPOSITO Familiarizar a los padres con destrezas para pensar y resolver problemas adaptadas para implementarse en casa

DESTREZA Estimular las destrezas para pensar de su hijo

REFLEXION Compartir sus ideas, antes y después de esta lección, sobre cómo les enseñan los padres a sus hijos a pensar

Antes:

Después:

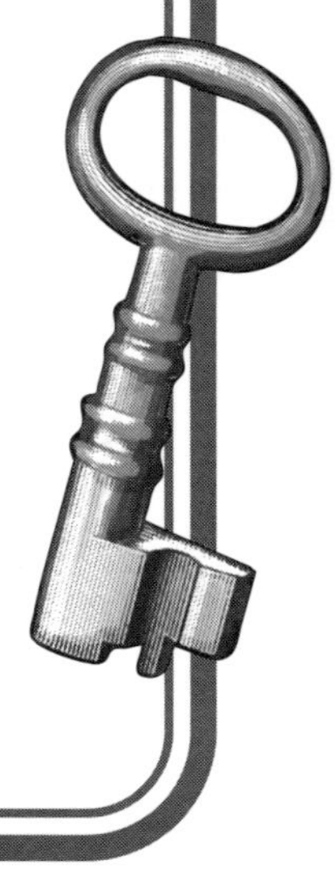

EL MEJORAMIENTO DE LA MEMORIA

La habilidad para recordar información y experiencias depende de la memoria. La memoria es la parte de la mente que reconstruye lo que se ha escuchado, visto, aprendido o vivido en el pasado. La buena memoria aumenta las probabilidades de salir bien en la escuela.

Mientras que algunas personas nacen con buena memoria, otras tienen que cultivarla a través de la concentración y del esfuerzo. Los estudiantes pueden aprender a mejorar la memoria con la ayuda de los padres. Se debe comenzar por entender la dinámica de la retención. Una vez que los padres hayan entendido este fenómeno, pueden practicar con sus hijos estrategias específicas para mejorar la memoria.

LO QUE LOS PADRES NECESITAN SABER SOBRE LA MEMORIA

La buena memoria ciertamente ayudará al estudiante en la escuela. A veces la memoria se percibe como impresiones mentales que se van olvidando poco a poco. La memoria es lo opuesto del olvido. Ambos han sido objeto de estudio durante años.

Algunos piensan que un estudiante nunca olvida lo que aprende. Cada trozo de información absorbida por la mente durante nuestra vida es almacenada en el cerebro hasta el momento en que se tiene que hacer uso de ella. No poder recordar algo se debe a que nunca fue correctamente almacenado o a que no se ha encontrado una manera para hacer resurgir la memoria. Lo bueno de la memoria es que se puede mejorar por medio de la práctica.

Los estudiantes pueden mejorar la memoria de varias maneras, comenzando por identificar en qué momento ocurre el olvido. Una vez que esto se sepa, los estudiantes pueden tomar medidas para eliminar los obstáculos que entorpecen la memoria.

El olvido ocurre para la mayoría de los estudiantes en las siguientes situaciones:

- inmediatamente después que algo se aprende
- cuando el aprendizaje no se imparte por gráficos y colores o cuando no es útil o divertido
- cuando la información no se escribe o se repite para uno mismo
- cuando no se repasa la información periódicamente
- cuando la información no se usa, no se practica o no se aplica

Los padres pueden ayudar a sus hijos a "destupir los canales de la memoria" tratando de impedir que los obstáculos anteriores interfieran en la habilidad de evocar. Repase las siguientes estrategias y practíquelas con sus hijos. Para que funcionen, estas estrategias se deben repetir frecuentemente:

ESTRATEGIAS PARA MEJORAR LA MEMORIA

1. Recurra a la experiencia directa.

La memoria se puede reforzar por medio de la experiencia directa. Los estudiantes tienden a recordar por gran tiempo experiencias como votar, desfilar con una banda, visitar un museo, explorar una maqueta del corazón humano o sentarse en la cabina de un avión. Los estudiantes también recordarán más fácilmente lo que aprenden si lo han tenido que aplicar. Por eso, anime a su hijo a usar lo que ha aprendido. Los estudiantes tienden a recordar las experiencias directas y las aplicaciones de lo que aprenden en clase.

2. Ponga en el foco de atención las ideas importantes.

Los padres siempre deben insistir que sus hijos estén atentos a la ideas importantes que se den en sus clases. En casa se le puede enseñar al niño a distinguir entre las ideas importantes y las no importantes. Los niños recordarán las cosas que se identifiquen como importantes por más tiempo. Los padres deben acostumbrarse a preguntarles a sus hijos cuáles han sido las ideas más importantes aprendidas en la clase de matemáticas, en la clase de ciencias , etc. Acostúmbrese a preguntarle a su hijo cuál es la idea más importante en un libro que haya leído o en un programa de televisión que haya visto.

3. Hablar con uno mismo.

Los niños deben recitar en voz alta el material que tienen que recordar. Hablar con uno mismo y repasar un material puede inculcar la información en lo más profundo de la memoria, de donde se puede retraer más adelante. Un niño debe tratar de repetir y evaluar cualquier información para sí a ciertos intervalos. De este modo la podrá recordar fácilmente cuando sea necesario más adelante.

4. Tome notas.

Una de las mejores maneras para grabar en la mente alguna información es escribiéndola. Esto preserva la información para su uso más adelante. Exhorte a su hijo a tomar notas de lo que es importante recordar y verifique con frecuencia de que lo está haciendo.

Permita que su hijo anote las cosas que usted tiene que recordar: lista del supermercado, lista de cosas que va hacer la siguiente semana, direcciones de amigos y familiares y los nombres de invitados a cumpleaños, despedidas de soltera o bodas.

5. Práctica, ejercitación, repetición.

Tres atajos en el camino hacia el aprendizaje son la práctica, la ejercitación y la repetición. Cada uno labra surcos en la memoria. Para aprender algo debidamente el niño debe repasarlo innumerables veces. La repetición es una gran maestra y un medio garantizado para la retención a largo plazo. Pregúntele a su hijo algunas de las cosas que tiene que recordar para cada asignatura y ayúdelo a repasar el material. Se necesita hacer tiempo para llevara cabo esto. En la siguiente página se encuentran ejemplos de ejercicios dirigidos por los padres:

- ¿Cuánto es 9 3 9? Dime algunas divisiones que aprendiste en la clase de matemáticas?
- ¿Puedes decirme otra vez cuáles fueron los tres resultados del experimento que hiciste en el laboratorio?
- Enumera las causas de la Guerra Revolucionaria una vez más.
- Describe los dos efectos de la contaminación ambiental que estudiaste ayer en la clase de ciencia.
- Dime dos semejanzas y dos diferencias entre una montaña y un cerro.

6. Estudiar de más.

Estudiar de más es cuando se aprende más de lo que se exige en un momento determinado. Tenga en cuenta que los niños tienden a estudiar de más aquello de lo cual disfrutan. Los padres deben entender que es más fácil recordar aquello que se estudia de más. Un niño debe repasar el material incluso después de que lo haya aprendido. Estudiar de más no sólo hace recordar automáticamente, sino que también imparte confianza en uno mismo al saber el material. Uno estudia de más por medio de práctica, ejercitación, repetición y repaso.

¿Por qué puede una persona recordar cómo se maneja un auto después de no haberlo hecho durante mucho tiempo? Una razón es que aprendió a hacerlo excepcionalmente bien. Es por eso que una persona puede manejar en el momento que necesita hacerlo.

¿Por qué recuerdan las personas los números de teléfono, las fechas de los aniversarios y de cumpleaños y otros datos? Una explicación para ello es que aprendieron estos detalles por medio de la práctica y el uso repetido. Otra razón es la resolución de dominar esta información.

7. Reaccione a lo que lee, oye y ve.

Los niños deben recordar hacer tres preguntas cuando estudian para una asignatura. Las respuestas a estas preguntas los ayudarán a recordar el material. Las preguntas son las siguientes:

¿Qué? ______________________________

¿Por qué? __________________________

¿Cómo? ____________________________

Si su hijo puede contestar estas preguntas en clase, está en camino de fortalecer las destrezas de la memoria.

8. Visualice.

Otra técnica para la memoria es la visualización. Esto implica formular una imagen mental del material. Esta es una excelente forma de ayudar a los niños pequeños a evocar cosas. Exhorte a su hijo a que cierre los ojos y crea una imagen de lo que quiere recordar. El niño debe darle color, agrandar la imagen y pensar en ello durante algunos minutos.

9. Haga el juego de "La bolsa de la memoria."

Los padres pueden reforzar la memoria de sus hijos haciendo juegos algunas veces. Busque una bolsa de mercado, una caja o un portafolio y decórelo con las cosas que le gustan a su hijo (discos compactos, caramelos, juguetes, deportes, pizza, muñecas, héroes). Dígale a su hijo que escriba diariamente en pedacitos de papel las cosas que no quiere olvidar: números telefónicos, fechas importantes, datos aprendidos en la escuela, direcciones, etc., y que eche estos papeles en la "Bolsa de la memoria" (o en la "Caja de la memoria" o el "Portafolio de la memoria"). Más tarde, inste a su hijo a participar en el juego de la bolsa de la memoria, preguntándole "¿Qué depositaste hoy en la bolsa de la memoria?"

10. Haga ejercicios para la memoria.

La capacidad para recordar crece con la ejercitación. Enseñe a su hijo a que haga los siguientes ejercicios calisténicos para la memoria. Estos lo ayudarán a mejorar la memoria. Rete a su hijo a que memorice lo siguiente:

- letreros en la calle
- tarjetas de béisbol
- números de las placas de autos
- números telefónicos de amigos y familiares
- promedio de batear de jugadores de pelota
- detalles en el centro comercial
- programas transmitidos los sábados por televisión
- títulos de los libros leídos en grados anteriores
- nombres de sus antiguos maestros
- los diez primeros presidentes
- todos los equipos del NFL (Liga Nacional de Fútbol)
- los ocho ríos más grandes del mundo
- los planetas

11. Juegue el juego de la casa.

Este juego se puede hacer en casa entre padres e hijos. El juego no sólo aumentará sus destrezas para la memoria sino que mejorará las destrezas para escuchar y concentrarse. Por lo menos una vez a la semana pídale a su hijo que repita en voz alta algo que usted le diga. Convierta la actividad en un juego. Dígale una frase sencilla para comenzar, pero hágala más compleja más adelante. Después de repetir la frase, dígale a su hijo que escriba lo que escuchó en una oración completa. Una oración completa tiene los siguientes elementos:

Un sujeto: la persona, lugar o cosa de la que se habla.

Un verbo: la palabra que expresa una acción o estado (i.e., es, soy, era o fui, ser, etc.)

Finalmente, una oración debe tener sentido y ser independiente. Haga que su hijo dibuje el sujeto del que usted haya hablado. Es posible que usted haya hablado de sacar la basura, de limpiar el cuarto, de escribir una carta a la abuela o de ir a la iglesia. Usted debe seleccionar el tópico. Deje que sus hijos compartan el trabajo entre ellos.

PENSAR Y RESOLVER PROBLEMAS

Tanto las destrezas para pensar como las de la memoria son importantes. La memoria es el poder de recordar información del pasado. Pensar es la actividad de procesar información, particularmente para enfrentarse a nuevas situaciones. La acción de pensar está orientada hacia el presente y el futuro.

Saber pensar es una destreza útil para toda la vida. Es por eso que las destrezas de pensamiento han sido por mucho tiempo un principal objetivo de la educación. En los últimos años ha habido un creciente interés en este tema. La habilidad para pensar es considerada la mejor preparación para que el estudiante se enfrente a los retos de un mundo que se hace cada vez más complejo.

El cerebro es como un músculo que se estira al pensar. La acción de pensar ensancha el intelecto para lidiar con la vida. Pensar es más que la memoria o que la evocación de hechos y datos. Es organizar, interpretar, cuestionar y evaluar. Es encontrar la manera en que algo funciona o resolver problemas.

Pensar tiende a ser más difícil que memorizar. Requiere más energía y esfuerzo. Todo aprendizaje tiene que ver con la habilidad de pensar. Los buenos hábitos de estudio facilitan la habilidad de pensar.

Muchos padres se cohiben de enseñarles a sus hijos a pensar por sí mismos porque creen que es muy difícil para ellos. Todo lo contrario. Todo padre tiene la capacidad de desarrollar los poderes de pensamiento de sus hijos poco a poco. Los padres deben guiar a sus hijos para que se conviertan en pensadores desde muy temprana edad. Mientras más pronto se le pida a un niño que razone las cosas en casa, más fácil será que desarrolle esta destreza en la escuela.

Como preparación para la enseñanza de las destrezas de pensamiento, los padres deben adquirir primero el conocimiento de este tema, incluyendo las ideas siguientes:

1. La escuela enseña a los estudiantes a pensar.
2. Pensar implica más que memoria, pero se puede aprender aunque sea complejo.
3. La actividad de pensar se puede definir de varias maneras. Para ponerlo en forma sencilla, pensar es la habilidad de razonar, de entender las cosas y de resolver problemas.
4. Los maestros usan una variedad de estrategias para enseñar a pensar. Estas incluyen las siguientes:
    - hacer preguntas de orden primario (¿cómo? o ¿por qué?)
    - enseñar a formular y probar hipótesis (una teoría o predicción que tiene que ser confirmada)
    - enseñar análisis conceptual (un concepto es una palabra o palabras que categorizan objetos, ideas, sentimientos y otras experiencias vitales)

- permitir que los estudiantes averigüen las cosas por sí mismos (descubrimiento)
- permitir que los estudiantes creen y que encuentren soluciones por sí mismos
- usar técnicas de deducción y de inducción para razonar
- pedirles a los estudiantes que usen el método científico en sus estudios
- usar los pasos requeridos para resolver problemas

Para resumir, los padres pueden ayudar a los maestros a desarrollar las destrezas de pensamiento de sus hijos desde la casa. El aprendizaje de las destrezas de pensamiento debe comenzar en la casa y continuar a lo largo de los años en la escuela. Los padres tienen la mayor responsabilidad en la preparación de sus hijos para los rigores del aprendizaje de las destrezas de pensamiento.

Hay tres maneras en que los padres pueden cumplir con esta función. Primero, pueden crear un ambiente en casa que anime a sus hijos a tomar riesgos, a preguntar y a cuestionar. Tenga en cuenta que los niños corren un riesgo en la búsqueda de respuestas en un mundo poblado por adultos, que para ellos son gigantes. Cuestionar a los mayores se puede interpretar como rebeldía. Además de un reto a la autoridad, el cuestionamiento de un niño se puede ver como una falta de respeto.

Aunque este comportamiento puede incomodar a los demás, los padres deben exhortar a sus hijos a preguntar y cuestionar. Los niños necesitan saber que sus padres los apoyan cuando hacen preguntas. Necesitan saber que no hay nada malo en usar su ingenio o en defender su punto de vista. Si los padres apoyan a sus hijos en la casa para que ejerzan su propio criterio al investigar, los niños tendrán una mayor tendencia a usarlo en la escuela.

Otra manera en que los padres pueden ensanchar las destrezas de pensamiento de sus hijos es dándoles la oportunidad de tener toda una gama de experiencias que requieran el uso de procesos mentales sofisticados. Los niños no pueden pensar si no tienen experiencias que los obliguen a reflexionar. Como se señaló anteriormente, los padres tienen la obligación de enriquecer la vida de sus hijos llevándolos a zoológicos, museos, bibliotecas, centros comerciales y de vacaciones. Además, los padres deben tratar de rodear a sus hijos de cosas como rompecabezas, libros, calendarios, afiches, material de ciencia ficción, adivinanzas, cuentos y exponerlos a eventos actuales y a programas noticiosos. Estas experiencias son la base para la reflexión.

Las adivinanzas son un excelente ejercicio intelectual. Una adivinanza es un misterio que estimula a razonar, ya que pide una solución o respuesta que requiere de seria reflexión. Los padres deben comprar o sacar de la biblioteca un libro de adivinanzas para usar con sus hijos. Las adivinanzas son divertidas y se pueden utilizar con niños pequeños y mayores.

Piense en una adivinanza que lo haya fascinado por sobre todas y compártala con su hijo. Trate de que su hijo la adivine, dándole pistas si es necesario. Este es un ejemplo de un misterio milenario: "La adivinanza de la esfinge". ¿Qué es lo que tiene cuatro patas en la mañana, dos en la tarde y tres en la noche? La respuesta es el hombre. Cuando el hombre es un bebé (la mañana de su vida), gatea. Cuando es adulto (la tarde de su vida), camina. Cuando es un anciano (la noche de su vida), camina ayudado por un bastón, que funciona como un tercer pie.

Escriba su adivinanza preferida en el espacio siguiente:

Mi adivinanza preferida

DESTREZAS PARA PENSAR

Existen muchas destrezas para pensar que han sido clasificadas por eruditos reconocidos. Los padres pueden dar una mano enseñándoles a sus hijos estas destrezas. Todas ellas despiertan la creatividad, la curiosidad y el intelecto, haciéndolo aún mayor. Examinar las destrezas por separado hace más fácil su entendimiento. Vea las destrezas de pensamiento que se dan a continuación, junto con algunas actividades dirigidas por los padres para promover dichas destrezas:

Destrezas de pensamiento superiores	Lo que pueden hacer los padres para promover el uso de estas destrezas
1. INTERPRETAR quiere decir explicar o mostrar el significado de algo.	Recorte esquemas gráficos, cuadros, tablas, etc., de un periódico o revista. Pídale a su hijo que interprete el esquema gráfico y déle un premio por su esfuerzo.
2. EXPLICAR quiere decir clarificar algo y hacerlo comprensible.	Pregúntele a su hijo cómo se comparan o contrastan entre sí algunas cosas (en qué se parecen y en qué se diferencian).
3. EVALUAR quiere decir juzgar, argüír, calcular o expresar una opinión.	Pregúntele la opinión a su hijo sobre algún tema o asunto habitualmente.
4. PREDECIR es decir de antemano o declarar con anticipación, hacer un vaticinio.	Pregúntele a su hijo lo que piensa que va a ocurrir respecto a una situación.
5. OBSERVAR significa mirar, prestar atención y estar al tanto de lo que pasa.	Durante algún viaje que hagan pídale a su hijo que explique lo que ve o note.
6. ANALIZAR quiere decir estudiar con detenimiento, identificando la evidencia; desmenuzar un asunto parte por parte, examinando la relación que guardan entre sí.	Pregúntele con frecuencia a su hijo la manera en que las partes o los elementos de algo que ha estudiado encajan entre sí.
7. CLASIFICAR comprende la agrupación de cosas en secciones o categorías, separar y determinar las clases.	Pregúntele a su hijo en qué grupos se deben colocar y distribuir ciertas cosas.
8. SINTETIZAR quiere decir atar cabos; reunir datos para formar un todo; resolver, planear, proponer y construir.	Pregúntele a su hijo lo que aprendió de una experiencia particular o de algún proyecto de la escuela.
9. COMPRENDER es poder describir o captar algo; entender; comparar y contrastar y explicar algo en nuestras propias palabras.	Pregúntele a su hijo el significado de lo que hizo o dijo un autor, conferenciante, presentador, maestro o amigo.
10. HACER HIPOTESIS es hacer una suposición sobre algo para argumentar; proponer una teoría o explicar algo sin haberse confirmado.	Preséntele una hipótesis a su hijo de la siguiente manera: "¿Qué tal si tú hicieras . . . ? ¿Qué crees tú que pasaría?"
11. HACER UN CHEQUEO MENTAL EN ALTA VOZ quiere decir hablar con uno mismo.	Insista en que su hijo diga en voz alta el razonamiento que sigue para averiguar una respuesta o resolver algún problema. Hablar en voz alta ayuda a revitalizar los procesos de razonamiento. Dígale: "Dime lo que estabas pensando y cómo llegaste a esa conclusión."

Preguntar la razón de las cosas: ¿por qué?

Otra estrategia para estimular a su hijo a pensar es hacer la pregunta "¿por qué?" Las preguntas que siguen son de este tipo. ¿Puede pensar en otras preguntas de este tipo?

EJEMPLOS DE PREGUNTAS ¿POR QUE?

- ¿Por qué es verde la hierba?
- ¿Por qué mueren las personas?
- ¿Por qué son tan grandes los portaviones?
- ¿Por qué tienen pelo algunos animales?
- ¿Por qué tienen que ir a la escuela los niños?
- ¿Por qué deben los niños estudiar antes de un examen?

Normalmente los niños les hacen estas preguntas a los padres. ¿Cuáles son algunas preguntas que usted le puede hacer a su hijo? Invertir los papeles es justo. El que los padres pregunten por qué puede despertar la curiosidad y hacer que sus hijos piensen en cosas de índole mayor.

Para motivar a sus hijos a pensar, dibuje un globo en un papel. Escriba las preguntas que aparecen arriba en el globo. Pídale a su hijo que vuele más alto buscando las respuestas a estas preguntas. Acostúmbrese a dejar estas preguntas en la cama de su hijo, en el gavetero o en el escritorio. Ofrézcale un premio o permítale hacer algo que le guste cuando conteste las preguntas.

DESTREZAS PARA RESOLVER PROBLEMAS

Los padres pueden acrecentar la habilidad de sus hijos para pensar enseñándolos a resolver problemas. Aunque hay muchas destrezas específicas del pensamiento (comparar, analizar, inferir, evaluar, generalizar y otras), resolver problemas es una destreza muy importante. Es la destreza que mayormente caracteriza a los buenos pensadores. Por otro lado, es un proceso mental que puede servirles a sus hijos en todas sus clases y en otras experiencias futuras.

Los padres deben exhortar a sus hijos a practicar técnicas para resolver problemas en asuntos relacionados con la familia o la comunidad. Después de todo, el ingenio radica en resolver los problemas de la vida diaria, según asegura Edward de Bono, un experto en la materia.

Los siguientes son algunos problemas que pueden ser un reto para los niños en sus casas:

- decidir a quién le corresponde sacar la basura
- solucionar un problema entre hermanos
- decidir qué se puede hacer respecto a los callejones sucios y los basureros contaminados en las inmediaciones de su casa
- decidir cómo lidiar con las pandillas del barrio
- encontrar formas de estirar el presupuesto de la familia para cubrir gastos futuros

Los padres pueden mejorar la capacidad para pensar de sus hijos permitiéndoles resolver ciertos asuntos familiares. También necesitan ayudar a sus hijos a aprender los pasos que deben seguir para resolver un problema, así como darles la oportunidad para practicar estos pasos.

Procedimiento para resolver un problema

Los padres pueden utilizar el formato siguiente para resolver problemas en casa y preparar al niño para hacerlo en la escuela:

Pasos

1. Identifique el problema.
   - ❖ Esté atento.
   - ❖ Observe cuidadosamente.
   - ❖ Articule los detalles del problema.
2. Recopile información sobre el problema.
   - ❖ Formule un plan para adquirir datos, estadísticas, hechos, etc.
   - ❖ Cree un sistema para almacenar y retraer información.
3. Interprete la información.
   - ❖ ¿Qué significa?
   - ❖ ¿Qué demuestra o prueba?
   - ❖ Explique.
   - ❖ Identifique relaciones y patrones.
4. Piense en una lista de posibles soluciones.
   - ❖ Llegue a todas las soluciones posibles sin evaluarlas.
5. Evalúe las soluciones anteriores.
   - ❖ ¿Cuáles son los puntos a favor y en contra de cada solución?
   - ❖ ¿A quién beneficia o perjudica?
6. Tome una decisión.
   - ❖ Presente los argumentos.
   - ❖ Defienda su decisión como la mejor de todas las posibilidades.

Ejemplos de problemas

1. Insuficiente dinero para la semana
   - ❖ No hay suficiente dinero para los gastos semanales.
   - ❖ La falta de fondos crea un problema para mí (el niño).
   - ❖ No puedo hacer lo que quiero hacer porque no tengo dinero.
2. Averigüe la cantidad de dinero que reciben los niños de otras familias.
   - ❖ Investigue el tema de la porción monetaria distribuída a los niños por sus padres y otra información relacionada.
   - ❖ Organice la información en un portafolio y póngale un rótulo.
3. Un análisis de los datos revela que la porción monetaria que yo recibo es la más alta en el barrio.
   - ❖ Los datos revelan que la última vez que recibí un aumento fue hace dos años, mientras que otros niños lo recibieron hace seis meses.
   - ❖ Los datos revelan que el número de niños que reciben dinero de sus padres es menor hoy en día. El costo de vida es más alto; las cosas son más caras ahora.
4. Hay más de una forma de resolver el problema:
   a. Aumentar el dinero que me dan mis padres a la semana.
   b. Disminuir los gastos (comprar menos)
   c. Escribirle al jefe de mi papá y sugerirle que le dé un aumento a mi papá.
   d. No recibir ningún dinero.
   e. Persuadir a mi hermano mayor a que aporte algún dinero para mí.
5. Algunas soluciones son mejores que otras:
   a. Si me dan más dinero semanalmente, esto implicaría más trabajo y responsabilidad.
   b. Menos dinero es posible, pero tendría que arreglármelas sin algunas diversiones.
   c. Se debe descartar escribirle al jefe de mi papá porque podría enfadarse con mi papá.
   d. No recibir dinero sentaría un mal ejemplo; además, ¿cómo me las arreglaría?
   e. La contribución de mi hermano es una idea razonable ya que no lo perjudicaría contribuir unos centavos mientras que a mí me beneficiaría.
6. Disminuir los gastos y hacer una lista de mis necesidades desde la más urgente a la menos. Después, eliminar las cosas que no son imprescindibles. Esta decisión es la que causará el menor daño al recipiente y al donante.

Para enseñarles a los hijos las destrezas de resolver problemas, los padres deben saber modelarlas. Repase los seis pasos anteriores y guíe a su hijo por cada uno. Después discuta algunos problemas en casa o en su barrio. Juntos escriban los posibles problemas en la tabla siguiente y anime a su hijo a que siga los pasos para resolver estos problemas.

Posibles problemas en casa	Posibles problemas en el barrio
1.____________________	1.____________________
2.____________________	2.____________________
3.____________________	3.____________________
4.____________________	4.____________________

EL METODO PMI

Otra manera para fomentar el pensamiento crítico es el método "PMI" de Edward De Bono. Las siglas PMI se refieren en inglés a "Plus, Minuses, and Interesting Points," lo que aproximadamente equivale en español a puntos "Positivos, Malos e Interesantes." Este es un método sistemático para examinar los problemas del diario vivir. El propósito es enseñarles a los estudiantes a tener una mente abierta para ver un problema desde varios ángulos. A los estudiantes se les exhorta a ver el lado positivo de una decisión o situación (plus o puntos positivos), así como también lo que es malo (minus o puntos malos). Finalmente, los estudiantes describen lo que es interesante sobre la situación.

Ilustración: Ante la posibilidad de que se cierre la escuela por lo que queda del año escolar, el niño puede pensar sobre la situación empleando el método PMI.

PUNTOS POSITIVOS	MALOS	INTERESANTES
❖ Más tiempo desocupado	❖ No puedo ver a mis amigos	❖ Reacción de los padres
❖ Puedo hacer lo que quiera	❖ No puedo jugar a la pelota o estar en "cheerleading"	❖ Habrá más personas en las calles
❖ Puedo levantarme tarde	❖ No obtendré una educación durante ese tiempo	❖ Impacto en la comunidad
❖ Puedo trabajar y ganar dinero	❖ Pasaré demasiado tiempo desocupado	❖ ¿Qué pasa con los fondos de los impuestos destinados para los estudios?
❖ Otros puntos positivos	❖ Otros puntos malos	❖ Otros puntos interesantes

Los padres pueden inventar una serie de situaciones como las siguientes y entrenar a sus hijos para que practiquen usando el método PMI:

- ¿Se debe abolir la tarea?
- Todas las tiendas deben cerrar el día de Nochebuena.
- La cantidad de dinero que les dan los padres a sus hijos para sus gastos semanales debe estar supeditada al costo de vida.
- ¿Es una buena idea eliminar los exámenes en la escuela?

Las mini-lecciones que se le imparta al niño en casa pueden incluir las preguntas o temas anteriores. Utilice el formato siguiente:

PUNTOS POSITIVOS	MALOS	INTERESANTES

LA ENSEÑANZA DE ANALOGIAS

En su libro *ABC's of Thinking with Caldecott Books (El ABC para Pensar con los Libros Caldecott)*, de 1998, Edith Bernhardt presenta una estrategia para pensar que desarrolla las destrezas de lectura. La autora pone énfasis en el uso de analogías. Una analogía es una comparación o relación de semejanza entre cosas que tienen algo en común. Las palabras *es para*, *son para* y *como* se emplean en un tipo de analogía. Bernhardt cita los siguientes ejemplos:

El zapato es para el pie lo que el guante es para la mano.
La nariz es para el olfato lo que la oreja es para el oído.

Los padres pueden inventar ejemplos similares para sus hijos. Además de enseñar el concepto de *analogía,* estos ejercicios estimularán al niño a pensar. Puede usar los siguientes ejemplos para ver si sus hijos sacan la respuesta:

1. El barco es para el agua lo que el avión es para ________________ (el aire).
2. La iglesia es para el rezo lo que el parque es para ________________ (el juego).
3. Los perros son para el ladrido lo que los leones son para ________________ (el rugido).
4. La cabeza es para pensar lo que el corazón es para ________________ (sentir).

5. Enseñar es para los maestros lo que estudiar es para ______________ (los estudiantes).
6. Los cohetes son para la ciencia lo que los cuadros son para _____________(el arte).
7. Trotar o hacer jogging es para el ejercicio lo que la lectura es para _____________ (el aprendizaje).
8. El marino es para la marina de guerra lo que el soldado es para ____________(el ejército).
9. Una niña es para lo femenino lo que un niño es para ______________ (lo masculino).
10. Las bibliotecas son para los libros lo que los bancos son para _____________ (el dinero).

Escriba algunas analogías y compártalas con sus hijos.

____

____

Pídale a su hijo que invente algunas analogías.

____

____

LA ENSEÑANZA DE SINONIMOS Y ANTONIMOS

Otra forma para aprender palabras es a través de sinónimos y antónimos. Los sinónimos y antónimos de las palabras se pueden encontrar en un libro llamado tesauro. Los sinónimos son palabras que significan lo mismo y los antónimos son palabras con significado opuesto.

Las palabras *dormir, dormitar* y *reposar* son **sinónimos** porque quieren decir lo mismo. Los pares de palabras *reír/llorar* y *correr/detenerse* son **antónimos** porque son palabras contrarias.

Trabaje con su hijo en estas dos formas de parear palabras para hacerlo pensar y para ampliar su vocabulario. Lo bueno de estos ejercicios es que no quitan mucho tiempo. Se pueden hacer durante la comida o mientras van en el auto.

Haga que su hijo busque **sinónimos** (palabras similares o equivalentes). Recuerde que puede haber más de dos palabras con el mismo significado. Exhorte a su hijo a que busque sus propios sinónimos y anótelos abajo.

lanzarse _______________ (precipitarse) _______________ _______________

caminar _______________ (andar) _______________ _______________

afectuoso _______________ (cariñoso) _______________ _______________

trabajo _______________ (labor) _______________ _______________

automóviles _______________ (carros) _______________ _______________

zapato _______________ (sandalia) _______________ _______________

Inste a su hijo a que busque **antónimos** (palabras opuestas). Recuerde que puede haber más de dos palabras con significado opuesto. Anime a su hijo a buscar sus propios antónimos y anótelos abajo.

contento	______________ (triste)	______________	______________
amor	______________ (odio)	______________	______________
difícil	______________ (fácil)	______________	______________
adulto	______________ (niño)	______________	______________
grande	______________ (pequeño)	______________	______________
hermoso	______________ (feo)	______________	______________

REPASO

Esta unidad contiene explicaciones de las maneras en que los padres pueden enseñarles a sus hijos las destrezas de la memoria y del pensamiento. Las dos son herramientas que incrementan el poder mental del niño. Estas destrezas no se desarrollan del día a la noche ni aparecen por sí mismas. Hay que dedicar tiempo para su desarrollo y hay que practicarlas.

No hay una manera mejor que otra de enseñar estas destrezas. Los padres deben experimentar, probando diferentes técnicas e inventando juegos que reten al niño. Lo que parezca funcionar debe ser usado nuevamente y compartido con otros padres.

Los padres pueden convertir la casa en un centro de la memoria y el pensamiento de dos maneras:

Aprenda más sobre el desarrollo de la memoria y el mejoramiento de la facultad de pensamiento.

Pase tiempo con sus hijos mientras implementa las técnicas para el mejoramiento de la memoria y de la facultad de pensamiento.

PASS Taller/Módulo 8

Destrezas de lectura

GUIA DE ESTUDIO PARA LOS PADRES 8

ENFOQUE	Mejorar las destrezas de lectura del niño
PROPOSITO	Aprender a ser un facilitador de lectura
DESTREZA	Enseñarle al niño las técnicas para mejorar la lectura
REFLEXION	Compartir sus ideas, antes y después de esta lección, sobre la manera en que usted se puede convertir en un facilitador de lectura

Antes:

Después:

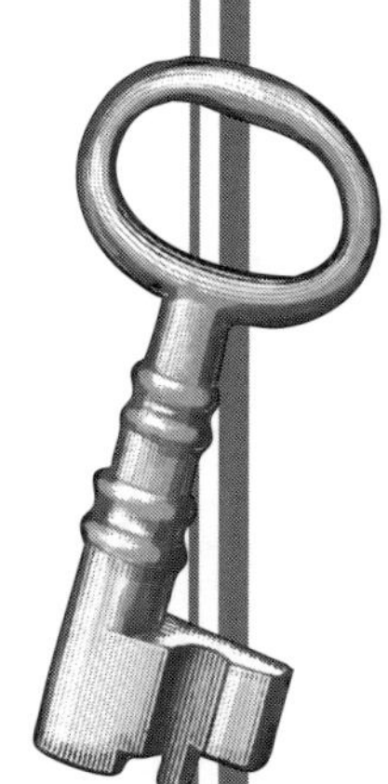

LOS PADRES COMO MAESTROS DE LECTURA EN CASA

LA NATURALEZA DE LA LECTURA

Los niños nunca podrán sobresalir en la escuela a menos que puedan leer bien. De todas las destrezas necesarias para el éxito escolar, ninguna es de tan vital importancia como la lectura. Will Rogers dijo una vez que la persona aprende de dos maneras. Una manera es la lectura y la otra es la asociación con personas inteligentes. Note que Will Rogers colocó la lectura en primer lugar.

La lectura es la piedra angular del aprendizaje. Es por eso que se dedica tanto tiempo en la escuela a la enseñanza de la lectura. Los buenos lectores suelen ser buenos estudiantes.

Hay demasiados niños que no pueden leer bien y muchos más que prefieren hacer otras cosas antes que leer. El estudio Turning Points: Preparing American Youth for the 21st Century (Momentos decisivos: Cómo preparar a los jóvenes de América para el siglo 21), arrojó que sólo un 11% de niños de 13 años de edad leen adecuadamente. Sólo hay que preguntarles a los maestros para averiguar que a un gran porcentaje de estudiantes no les gusta leer.

Los padres deben darse cuenta que la lectura es la destreza que mayormente se enseña en las escuelas. Cerca de un 80% del trabajo escolar tiene que ver con la lectura. Por ello, si un niño no puede leer bien, pasará trabajo en todas las asignaturas.

Muchos maestros de la escuela primaria dedican más de la mitad del tiempo a desarrollar las destrezas de lectura de sus estudiantes. Usan una gran variedad de técnicas y materiales para lograr esta meta. Trabajan en grupos pequeños o individualmente con cada estudiante. La enseñanza de la lectura por parte de los maestros es más eficaz si sus esfuerzos son reforzados en casa.

No todos los educadores quieren que los padres enseñen lectura a sus hijos, arguyendo que esta tarea requiere un entrenamiento especial del cual carecen los padres. Insisten en que, al tratar de enseñar la lectura a los niños en casa, los padres pueden interferir con la labor especializada de los maestros. Los detractores también opinan que, sin darse cuenta, los padres pueden ejercer demasiada presión en sus hijos al empujarlos a leer.

A pesar de estas reservas no se puede descartar a los padres en la llamada crusada para el mejoramiento de la lectura. La participación de los padres puede ser el factor decisivo para alzar el nivel de lectura de los estudiantes en todo el país. Los padres pueden influir grandemente en la actitud del niño hacia la lectura. Es en términos de la actitud donde radica la mayor función de los padres.

La manera en que los niños perciben la lectura depende en gran parte de los padres. Las ideas sobre la lectura se forman mucho antes de que el niño vaya a la escuela. Son los padres los que principalmente inculcan una actitud u otra en el niño. Aún cuando los niños van a la escuela, los padres tienen un papel mayor en la formación de sus actitudes hacia la lectura.

Los padres no tienen que ser expertos en lectura para influir en los hábitos de lectura de sus hijos. Sin embargo sí tienen que tener un conocimiento sobre la lectura. Más específicamente, los padres tienen que saber cuál es la manera en que se enseña la lectura en la escuela y deben aprender a invertir algún tiempo para preparar al niño para la enseñanza más formal de la lectura en la escuela. De esta manera los padres se convierten en facilitadores de lectura. Independientemente de su nivel educativo, cualquier padre puede ejercer esta función. Un facilitador es una persona que hace algo más fácil para otros. Un facilitador trabaja con una persona directamente, asesorándola y exhortándola. Dedique unos minutos a leer el siguiente poema de Mary Beth Stanley. ¿Qué es lo que dice sobre la función de un facilitador?

POEMA A LOS PADRES

Todos ustedes son padres
Pero son maestros también
Si quieren ayudar a sus hijos
Les diré lo que deben hacer.

Cuando estén en la cocina
Dejen que sus hijos les den una mano
Que lean las etiquetas de latas y cajas
Que vean qué compran al leer las marcas.

Repitan sonidos iniciales y finales
Buscando palabras rimadas
Y pronto aprenderán a leer
En poco tiempo será así.

Deje que sus hijos hagan las medidas
De la manteca, huevos y la harina
Que pongan la alarma para que suene
En media hora o una, hasta que esté la comida.

Cuando salgan de la casa
En el auto o caminando
No olviden que este rato es para enseñar
Y aprender y para pasarlo hablando.

Lean todos los carteles en las calles
Y los números en las puertas de las casas
Y en las placas de los carros
Y todo lo demás que hay para observar.

Hay palabras en los edificios
En camiones y carros que pasen
Hay muy grandes murales
Y tiendas en todas las calles.

Y cuando al fin vuelvan a casa
Y se sienten a descansar juntos
Aprovechen la oportunidad y lean
Un libro de cualquier asunto.

Ser padre es algo especial
Como lo es igual ser padres-maestros
Haga del aprendizaje algo placentero
Y sus hijos se lo agradecerán.

Como facilitadores de la lectura, los padres deben hacer dos cosas. Primeramente, demuestre su amor por los libros y por la palabra escrita. Desarrolle el hábito de leer. Trate de tener una diversidad de material para leer en casa: literatura sobre viajes, periódicos, revistas, libros de la biblioteca, calendarios, catálagos, panfletos de tiendas y anuncios. La mayor parte de esta literatura es gratis. Deje que sus hijos lo vean leyendo frecuentemente. Sobre todo, hable con sus hijos sobre el mundo maravilloso de los libros.

El siguiente fragmento es de una declaración del fallecido autor Louis L'Amour, y les brinda a los padres un arsenal de ideas para usar cuando le hablan a sus hijos sobre la lectura. Repáselo varias veces y subraye los puntos que merecen ser compartidos con sus hijos:

> El libro ha sido el gran triunfo del hombre. Cuando estoy en mi biblioteca, vivo en una cápsula de tiempo. En sólo un instante puedo trasladarme a cualquier era, a cualquier parte del mundo, inclusive al espacio.
>
> He vivido en cada período histórico. He oído hablar al Buda, he marchado en las filas con Alejandro, he navegado con los vikingos, he montado en canoas con los polinesios. He visitado la corte de la reina Isabel de Inglaterra y de Luis XVI en Francia; he sido amigo del capitán Nemo y he sarpado los mares con el capitán Bligh en el barco Bounty. He caminado en el agora, las plazas en Grecia, con Sócrates y Platón, y he escuchado a Jesús dando el sermón en la monte.
>
> Lo mejor es que puedo hacerlo todo nuevamente, en cualquier momento. Los libros están a mi alcance. Sólo tengo que estirar la mano hacia los estantes y volver a leer los libros para revivir los momentos de los que he disfrutado.
>
> —*The Sackett Companion (1992)*

Una segunda manera en que los padres pueden actuar como facilitadores de la lectura es por medio de la interacción con sus hijos en la casa, ocupándolos en el uso de palabras. La clave es leer a los niños. Esta actividad se debe hacer con regularidad desde la temprana edad del niño.

TRES INTERVENCIONES PARA FACILITAR LA LECTURA

Los expertos dicen que para funcionar como facilitadores de lectura en la casa, los padres deben intervenir principalmente de tres maneras: estimulación a la lectura desde la temprana edad del niño, identificación de palabras y métodos de lectura, y comprensión de lectura. Si se practican repetidas veces, estas intervenciones por medio de los padres serán de gran utilidad para ayudar al niño a leer bien.

Estimulación a la lectura desde la temprana edad del niño

Los niños tienen la capacidad de aprender desde que son recién nacidos. Los bebés reaccionan a los sonidos, a las palabras y a otros estímulos. La infancia no es demasiado temprano para prepararlos a leer. Muchos expertos arguyen que la aptitud del niño para la lectura se ha formado para el momento en que entra al primer grado. Por eso lo que los padres hagan en este aspecto durante los años prescolares es de una importancia crítica. Los padres tienen el privilegio de sentar en sus hijos una fuerte base para la lectura que los maestros después pueden fortalecer. Haga lo mejor que pueda para convertir su casa en un centro rico en el uso de la lengua.

Examine la conocida tabla siguiente, donde se dan sugerencias para el nivel de desarrollo de los niños según la edad. Los infantes y los niños pequeños son particularmente receptivos a ciertas actividades con los padres. Los padres deben practicar esta actividad en cortos intervalos e integrarlas a una rutina diaria.

Grupos por edad	Actividades de los padres
Infantes	Hable con ellos, léales y cánteles
8 y 9 meses	Recite rimas infantiles, canciones de cuna, fábulas y cuentos
de 12 a 14 meses	Muéstreles fotos y anímelos a hablar de ellas.
De 1 año y medio a 2 años	Lea cuentos y recite poesías, dejando que los niños pasen las páginas, hagan preguntas y expresen sus sentimientos.

Los padres son los principales agentes en la preparación del niño para la lectura. Esta preparación debe comenzar desde que el niño es un infante. Todas las investigaciones que se han hecho sobre la lectura les sugieren a los padres que les lean a sus hijos a lo largo de su crecimiento. Los niños aprenden a leer al escuchar a los padres.

Identificación de palabras y métodos de lectura

Los niños aprenden a leer por medio de la identificación de palabras. Mientras más palabras conozcan, mejor será su nivel de lectura. Hoy en día hay un debate entre los educadores sobre la mejor manera de enseñar a leer. Algunos se inclinan por el método fonético (a base de sonidos) y otros prefieren una aproximación más natural. La mayoría de los maestros arguyen que los niños deben aprender a identificar palabras y a leer usando múltiples métodos.

Un método recomienda la pronunciación en voz alta de las letras o sílabas en una palabra. Este método es conocido como "phonics" o método fonético. Este método comprende el aprendizaje de las palabras por medio del sonido. En inglés no todas las palabras se pronuncian y se escriben igual. Aunque en español todas las letras, excepto la "h" tienen sonido, hay algunas letras, como en inglés, que pueden tener más de un sonido (por ejemplo la "c" seguida de las vocales "e/i" suena diferente a la "c" seguida de "a/o/u." En inglés la "c" también puede tener un sonido suave o fuerte y la "k" es silenciosa en algunas palabras). Sin embargo de esto, el método fonético resulta beneficioso para muchos niños. Después de practicar el sonido de letras y sílabas, los niños aprenden a decodificar palabras. La decodificación implica tratar de determinar lo que quiere decir una palabra, develar su significado.

Otro método para identificar palabras y aprender a leer es el método de "mirar y pronunciar," también conocido como el método visual. Se les muestran a los niños unas tarjetas con algún dibujo o imagen y el nombre deletreado debajo del dibujo. La idea es que el niño vea la palabra completa, así como el orden de cada letra. Una vez que el niño haya asimilado la palabra visualmente, se le anima a que diga la palabra en voz alta. Con suerte, el niño recordará la palabra, asociándola con la imagen pictórica y las letras de la palabra en la tarjeta. Después de esto el niño aprenderá el significado de la palabra, además de saber identificarla y pronunciarla.

Un tercer método para enseñar a leer es el énfasis de la lengua en su totalidad o el método de lenguaje global. Este acercamiento encuentra apoyo en muchos maestros de lectura. Según esta aproximación, el niño debe leer o descifrar las palabras naturalmente por su propia cuenta. Los niños entienden el significado de las palabras a través de asociaciones con palabras que ya saben y por el contexto en que las palabras aparecen. Los defensores del método del lenguaje global insisten en que los niños aprenden a leer leyendo. También arguyen a favor de la enseñanza en conjunto de la lectura y la escritura.

Una cuarta manera de enseñar a leer es el "método balanceado" o "ecléctico." En el presente un creciente número de maestros en las escuelas primarias lo utilizan. Este método incorpora el método de lenguaje global, el método fónico y prácticas que los maestros veteranos han considerado las más útiles. El método balanceado incorpora los elementos que los maestros consideran más eficaces en cada uno de los métodos anteriores para la enseñanza de la lectura y la identificación de palabras.

La editorial Houghton Mifflin ha simplificado el procedimiento de ayudar a los niños a estudiar una palabra tanto para los maestros como para los padres. Este procedimiento bosqueja los pasos que pueden seguir los padres al ayudar a sus hijos en casa a aprender palabras:

LA FORMA DE ESTUDIAR UNA PALABRA

Paso 1. MIRA la palabra.

Paso 2. PRONUNCIA la palabra.

Paso 3. PIENSA en la palabra.

- ¿Cómo suena?
- ¿Con qué otras palabras se relaciona?
- ¿Existe un patrón?

Paso 4. ESCRIBE la palabra.

Paso 5. REVISA la ortografía de la palabra (cómo se escribe).

Comprensión de lectura

Una tercera manera en que los padres pueden desempeñar su función de facilitadores de lectura es ayudando a mejorar la comprensión de lectura de sus hijos. La comprensión se ha convertido hoy día en el foco principal de la instrucción de lectura.

Hay muchos niveles de comprensión. En general, la comprensión significa entender lo que se lee. Más específicamente, la comprensión implica poder identificar las ideas centrales y los detalles en un pasaje.

Muchos niños caen en dos trampas en lo que respecta a la comprensión de lectura. Una de estas trampas es distraer la mente y fantasear, haciendo imposible prestar atención. Esta distracción lleva a no entender bien lo que se lee. La otra trampa es la pobreza de vocabulario. Cuando los estudiantes no pueden reconocer las palabras, es muy difícil entender la lectura.

Los maestros en todas partes están constantemente trabajando para mejorar la comprensión de lectura. Enseñan ortografía, análisis estructural de las palabras (raíces de las palabras y sílabas) y adquisición de vocabulario.

Hay casi medio millón de palabras en el idioma inglés, además de las 300.000 palabras técnicas. Comúnmente una persona conoce unas 5.000 palabras; los niños conocen aún menos. Ya que aprender nuevas palabras es indispensable para la comprensión de lectura, los maestros necesitan ayuda de las familias de los niños. La ortografía y la adquisición de vocabulario son la piedra angular para la comprensión de lectura. Los maestros pasan mucho tiempo en la enseñanza de la ortografía, particularmente en los grados más bajos. Para ello usan manuales de ejercicios, tarjetas de apoyo visual, listas de palabras para cada grado requeridas por la escuela o el estado y palabras seleccionadas de lecturas hechas en clase. Piense en la siguiente pregunta:

¿Recuerda cómo aprendió usted a deletrear palabras en la escuela? Discuta cuál fue la mejor manera de aprender para usted.

Típicamente los mejores lectores son también los que mejor deletrean. Por ello tiene sentido que los padres ayuden a sus hijos a deletrear. Esta es una idea de cómo hacerlo: Cada dos días identifique una palabra que encuentre en alguna lectura o conversación y llame la atención de su hijo a esta palabra. Deletree la palabra para que el niño la escriba en un papel. Cuelgue el papel en la pared de su cuarto. Repita o comente la palabra casualmente y pídale a su hijo que la deletree. Comience con palabras fáciles y siga con palabras más difíciles. En poco tiempo la pared de su hijo se verá "empapelada" de palabras según vayan añadiendo pedazos de papel con palabras escritas y la casa adquirirá la reputación de ser una rica "biblioteca de palabras" para niños.

La mayoría de los maestros les asignan palabras a sus estudiantes para aprender a deletrearlas. Insista en que su hijo lleve esta lista a casa para verla. Después asegúrese de repasar las palabras con su hijo. Pídale siempre a su hijo que use las palabras en una oración para ayudarlo a recordarlas mejor.

Además de la ortografía, la adquisición de vocabulario es imprescindible para la comprensión de lectura. Igual que la ortografía o el deletreo, el desarrollo del vocabulario es un asunto de interés para ser tratado en casa. Los padres pueden ampliar el vocabulario de sus hijos de varias maneras.

Mientras más palabras conozca un niño, mayor será su nivel de comprensión. El secreto para que adquiera vocabulario está en infundirle al niño entusiasmo por aprender nuevas palabras y entender lo que lee. En las siguientes páginas se dan varios ejercicios que los padres pueden utilizar con sus hijos en casa.

1. Pídale a su hijo que repita al menos cinco palabras nuevas que ha oído en la televisión esa semana. Usted puede ayudar a su hijo a deletrear las palabras pero deje que sea él quien busque la definición en un diccionario y trate de usar las palabras en oraciones.
2. Pídale a su hijo que lleve a casa una palabra que no haya entendido en clase para discutirla en familia.
3. Anime a su hijo a hacer crucigramas sencillos y déle una mano si es necesario.
4. Inste a su hijo a que formule preguntas sobre lo que lee, particularmente preguntas de alto nivel como las siguientes: ¿por qué?, ¿cómo?, ¿Qué tal si . . . ? Formular preguntas sobre una lectura fuerza a los niños a examinar con más detenimiento lo que leen y esto a su vez lleva a una mayor comprensión de lectura.
5. Sea cual fuere la lectura que hace su hijo, recordarle que haga preguntas sobre la mísma elevará su grado de comprensión. Estas preguntas son las siguientes:
   - ¿De qué se trata el cuento, pasaje, capítulo o libro?
   - ¿Qué fue lo que no entendiste de la lectura?
   - ¿Qué fue lo más interesante de la lectura?
   - ¿Qué fue lo más aburrido de la lectura?
   - ¿Qué parte de la lectura crees que recordarás más?
6. Anime a su hijo a que lea anuncios en los periódicos sobre comida, ropa, mobiliario, autos, juguetes o discos para buscar nuevas palabras.
7. Inste a su hijo a discutir lo que lee. La discusión promueve una comprensión más profunda del material.
8. Ayude a su hijo a construir un cajón o estante donde guardar el material de lectura.
9. Insista que su hijo lea los avisos en las latas, botellas y cajas en la casa para demostrar que entiende las advertencias sobre el peligro de algunos productos porque esto puede salvarle la vida.
10. Colabore con su hijo para hacer un "Libro de Vocabulario Para la Casa" para el año escolar. Deje que su hijo diseñe la cubierta y decore las páginas de adentro. El niño puede anotar en el libro las palabras que sean nuevas o que le parezcan fascinantes. Sugiérale que escriba las definiciones.
11. Exhorte a su hijo a leer los rótulos en las latas de sopa, en las cajas de cereales y galletitas, en las envolturas para panes y otros paquetes.

12. Pídale a su hijo que haga un dibujo de las palabras nuevas. Algunas palabras pueden ser ilustradas con facilidad (por ejemplo, *domicilio* y *continente)*; otras representan un reto (por ejemplo, *siglo* o *belleza).*

13. Grabe a su hijo leyendo en voz alta y oiga la grabación para identificar palabras de las cuales su hijo no está seguro o de las que le gustaría saber más.

14. Comience a cantarles a sus hijos desde que son bebés y continúe haciéndolo mientras van creciendo. Los niños tienden a memorizar las letras de las canciones para cantar con sus padres. Cantar amplía el vocabulario de los niños y ensancha la comprensión de vocabulario.

15. Exhorte a su hijo a que analice las palabras desconocidas. A veces el significado de una palabra se puede sacar del contexto, de cómo encaja la palabra en el párrafo en que aparece. La comprensión de lectura se puede lograr por medio de la conexión de palabras, usando palabras que ya conocen para descifrar las desconocidas.

16. Provea las oportunidades para que su hijo pronuncie las palabras y pueda identificar las letras que se entrelazan.

17. Ayude a su hijo a analizar una palabra dividiéndola en sílabas. Se pueden entender mejor las palabras si se dividen en partes: raíz, prefijo y sufijo. Algunos ejemplos se dan a continuación. ¿Puede pensar en otras palabras que se puedan dividir de esta manera?

    a. Raíz: la parte central de una palabra
    ejemplos: *port (portar* o llevar) y *connect (conectar* o unir, enlazar)

    b. Prefijo: las letras añadidas al comienzo de una palabra
    ejemplos: *de*-port (*de*-portar o remover) e *inter*-connect (*inter*conectar o conectar entre sí, unos con otros)

    c. Sufijo: letras añadidas a la terminación de una palabra
    ejemplos: port-*able* (portatil o que se puede cargar) y connect-*ion (*conexión—sustantivo: lazo, unión)

18. Haga juegos de rimas de palabras con su hijo. Piense en las palabras que riman con otras, como por ejemplo casa/masa, hogar/holgar, caridad/claridad, etc.

19. Dele siempre a su hijo un diccionario adecuado para su edad y manténgalo a su alcance cuando lee. Sugiérale que busque en el diccionario todas las palabras que desconozca. Ayúdelo a usar el diccionario.

20. Convenza a su hijo para que use en su conversación con los demás las palabras aprendidas recientemente, no con el propósito de vanagloriarse sino de incorporar estas palabras a su vocabulario.

21. Persuada a su hijo para que use palabras recientemente aprendidas en casa y en las asignaciones de redacción en la escuela.

22. Cuelgue una pizarra en el cuarto de su hijo para las "palabras difíciles." Cuando el niño haya aprendido a deletrear una palabra difícil, esto se puede "publicar" en la pizarra. Esta pizarra se puede hacer de una caja de cartón y puede ser decorada por su hijo. Dígale que

va a llenarse la boca hablando de esta pizarra cuando tengan visita. Muestre a todos el orgullo que siente por su hijo para que éste lo vea.

Se puede encontrar una considerable cantidad de manuales que contienen lecciones para enseñar a leer en librerías, tiendas para maestros, almacenes o tiendas de descuento y farmacias. En estos manuales se invita al niño a trazar letras, a conectar puntos que forman el contorno de una letra o palabra, colorear sílabas y letras y añadir letras a las palabras para cambiar el significado (en inglés serían *-ed, mis-, -ion, -ing, re-;* en español las terminaciones de los verbos conjugados, *y mis-, -ción y -sión).* Los padres pueden examinar estos manuales para buscar ideas para enseñar comprensión de lectura en casa.

Tiempo de repaso

Hasta aquí se ha identificado en este módulo tres maneras en que los padres pueden convertirse en facilitadores de lectura. ¿Puede usted recordar estas maneras? Si no puede hacerlo, vuelva a repasar el capítulo para encontrarlas. Después anótelas en los espacios de abajo:

1. E__________________ a la L_______________desde la T__________________ del niño
2. I__________ de P________________ y M__________________ de L_________________
3. C__________________________________ de L__________________________________

CUADERNO DE COMPRENSION DEL ESTUDIANTE

Los padres pueden ayudar a sus hijos a mejorar la comprensión de lectura recomendándoles que lleven un "cuaderno de comprensión" para cada asignatura. Pueden utilizar el formato que se da más abajo para organizar el cuaderno. Una vez que los niños se acostumbren a este formato, no pasará mucho tiempo para que se vean los resultados.

Aunque los escritores presentan diferentes tipos de información a los lectores, todos organizan sus ideas siguiendo ciertos patrones. Los principales se dan a continuación. Cuando el estudiante lee un texto, debe decidir cuál es el propósito del autor:

1. describir (ya sea personas, eventos, procedimientos, crisis o problemas, etc.)
2. comparar o contrastar
3. enumerar, detallar
4. mostrar secuencias en el tiempo
5. indicar causas y efectos

Los padres les pueden explicar estas categorías a sus hijos fácilmente. Ponga ejemplos para cada categoría. Puede usar ejemplos de los periódicos o textos que su hijo lleva a casa. Señale pasajes que describen, comparen, enumeren, muestren secuencias temporales o indiquen la causa y efecto de algo.

Ayude a su hijo a llenar el siguiente formulario las primeras veces. Después deje que su hijo trabaje solo.

FORMATO DEL CUADERNO DE COMPRENSION

Asignatura ____________________
Texto ____________________
Capítulo/página ____________________

1. Descripción

2. Comparación y contraste

3. Enumeración, detalles

4. Secuencia de tiempo

5. Causa y efecto

Exhorte a su hijo a completar este formulario después de terminar cada tarea de lectura en todas las asignaturas. Las páginas se pueden grapar en un cuaderno. Este cuaderno puede ser muy útil como apoyo para repasar y prepararse para los exámenes.

CONOZCA LOS HABITOS DE LECTURA Y DE ESTUDIO DE SUS HIJOS

Cada niño tiene su propio hábito de lectura. Algunos leen rápidamente y otros leen despacio. Algunos entienden lo que leen y a otros les es difícil entender el material. Algunos recuerdan lo que leen y a otros se les dificulta hacerlo.

Para poder ayudar a su hijo en esta área, los padres tienen primero que conocer cuáles son sus hábitos de lectura y su estilo de aprendizaje. Los padres pueden llegar a un conocimiento de los hábitos de lectura de sus hijos contestando las siguientes preguntas. Compartan lo que averigüen con sus hijos.

HABITOS DE LECTURA Y DE ESTUDIO

¿Hace mi hijo lo siguiente . . . ?	
¿Se pone rápidamente a trabajar o se demora mucho para sentarse a estudiar?	
¿Mantiene una postura relajada o rígida cuando lee o estudia?	
¿Suele estudiar o leer en las mañanas, en las tardes o en las noches?	
¿Exhibe algunos tics nerviosos mientras lee?	
Hábitos de lectura: ❖ ¿Señala las palabras con el dedo? ❖ ¿Mueve los labios cuando lee? ❖ ¿Relee pasajes en el libro? ❖ ¿Tiene dificultad para entender algunos pasajes? ❖ ¿Se olvida de lo que ha leido?	
¿Fantasea mucho o se enfoca en el trabajo?	
¿Se apura para terminar el trabajo o lo hace despacio y con cuidado?	
¿Tiene que merendar cuando estudia o lee?	
¿Se molesta si lo interrumpen cuando lee o estudia?	
¿Habla de lo que lee con las siguientes personas?: ❖ padres ❖ hermano ❖ hermana ❖ amigos ❖ no habla con nadie	

RAPIDEZ O NIVEL DE LECTURA

Los padres necesitan saber si sus hijos son buenos lectores. Un gran número de expertos en materia de lectura señalan las siguientes características de un buen lector sobre otras:

Un buen lector

- recuerda lo que lee
- entiende lo que lee
- lee con fluidez y rapidez

La rapidez con que lea un niño depende de los cuatro factores siguientes:

1. Entrenamiento de la vista.
2. Conocimiento de palabras o vocabulario.
3. Dificultad del material.
4. Práctica o ejercitación en la lectura.

Cuando se trata de niños en la escuela primaria, no se pone énfasis en la velocidad con que leen sino en su comprensión. Es difícil establecer un ritmo de lectura para cada edad. La mayoría de los maestros prefieren enfocar su atención en ayudar a cada niño a llegar a la rapidez adecuada para él, que le permita entender lo que lee. La rapidez está ligada al propósito que se tiene al leer. Si el propósito de la lectura es el entretenimiento, se tiende a leer con más rapidez. Si el propósito es aprender, la rapidez con que se lee tiende a ser menor.

Todos podemos mejorar la rapidez con que leemos. Hay ciertos beneficios en poder leer rápidamente. El más obvio de todos es que el volumen de lo que se lee aumenta. Un beneficio menos obvio es que la lectura se hace con más fluidez y se convierte en una actividad más natural. La rapidez en la lectura se mejora con la práctica. Cuando la lectura se convierte en un hábito diario, la rapidez aumenta. La mejor manera en que los padres pueden ayudar a sus hijos a ser lectores veloces es asegurándose de que lean todos los días.

Hace algún tiempo la Association of American Publishers (Asociación de Editoriales Americanas) dio a conocer unas rígidas medidas sobre la rapidez con que las personas leen. El lector promedio tiende a leer de 250 a 350 palabras por minuto (PPM) si el material es fácil; de 200 a 250 PPM si el material es medianamente difícil y de 100 a 150 PPM si el material es difícil. Estas cifras corresponden a lectores adultos. La mayoría de los niños no leen tan rápidamente como los adultos. Si usted quiere saber cuál es la velocidad promedio de lectura para los niños en el grado de su hijo, consúltelo con la maestra.

LECTURA SILENCIOSA Y LECTURA EN VOZ ALTA

Al practicar para ser lectores rápidos, los niños deben tener la oportunidad de leer silenciosamente y en alta voz. Los dos métodos tienen sus ventajas. La lectura silenciosa le crea una disciplina al niño que le permite ser un lector independiente. También puede llevar a un mejor entendimiento de la palabra escrita. Cuando se lee para sí mismo, se puede sentar el ritmo de la lectura, acelerando o aminorando la rapidez según se desee. No tener que pronunciar las palabras tiene ciertos beneficios. Le permite al lector leer con más rapidez y cubrir más material.

Leer en voz baja tampoco cansa tanto como leer en voz alta. A medida que el niño se hace mayor debe ir dependiendo más y más en la lectura silenciosa.

La lectura en voz alta también tiene sus ventajas. Resulta particularmente útil para el lector principiante o para el lector lento. La comprensión para estos lectores se puede mejorar a través de la recitación. Igual de importante es compartir con los demás lo que se lee, sus maravillas y sus elementos fascinantes. Leer en alta voz le permite al oyente evaluar el estilo de lectura del niño. Asimismo, sirve para diagnosticar posibles problemas. Muchos expertos sugieren dejar que un niño lea primero para sí mismo antes de pedirle que lea en voz alta. Permítale a su hijo leer el material silenciosamente antes de hacerlo en voz alta para usted.

COMO MOTIVAR A LOS NIÑOS A LEER

Comúnmente se dice que hay tres "enemigos" de la lectura, y todos se encuentran en la casa. Algunos ya se han mencionado antes. Estos son los ruidos, la televisión y los padres que no leen. Afortunadamente estos son problemas que los padres pueden remediar. Los padres pueden compartir entre ellos las ideas o estrategias que tengan para combatir estos enemigos. Apunte las estrategias que usted piensa que pueden ser útiles para implementarlas en su casa. Una vez que se hayan combatido los enemigos de la lectura, los padres pueden dedicarse a inculcar el entusiamo por la lectura en sus hijos.

Cómo combatir los enemigos de la lectura en la casa

Estrategias contra el ruido	Estrategias contra la televisión	Estrategias para los padres que no leen

Las siguientes son algunas sugerencias para motivar a su hijo a que sea un buen lector. Repáselas y discútalas con familiares y amigos. Entonces implemente estas ideas en su casa.

1. Asegúrese de que su hijo no padece de la vista. Un examen clínico es la mejor manera de asegurarse de que su hijo tiene buena vista. Los lentes deben usarse para corregir cualquier problema. Si un niño no puede ver bien, esto lo hará retrasarse en la lectura.

2. Dedique un espacio de tiempo para que su hijo lea silenciosamente. Los padres tienen la responsabilidad de hacer que el hogar sea un lugar donde se promueva la lectura. Lo que más se necesita es silencio y un lugar tranquilo donde leer. Incluya la lectura en la rutina diaria de su hijo.

3. Haga cuentos. A todos nos gustan los cuentos. Invéntelos si es necesario. Incluya personajes interesantes, argumentos y desenlaces. La narración de cuentos es una excelente manera de prepararse para la lectura. Los cuentos inician al niño en el reconocimiento de símbolos, sonidos y valores relacionados con la lectura. A los niños en edad prescolar siempre se les debe permitir hablar de los cuentos que escuchan. Esto desarrolla destrezas del lenguaje en el niño.

4. Matricule a su hijo en alguna actividad donde se narren cuentos patrocinada por su iglesia, por la biblioteca, la escuela o alguna agencia comunitaria. Conocer a otros niños que también están interesados en la lectura es de gran motivación. Los programas de este tipo dramatizan la lectura y la presentan como algo divertido.

5. Haga juegos de palabras con su hijo. Muéstrele palabras y ayúdelo a pronunciarlas. Exhorte a su hijo a identificar palabras que se pronuncien igual o que tengan sílabas con sonidos similares. Concédale un premio por emplear palabras en una oración o narrar un cuento usando palabras nuevas.

6. Cree una biblioteca en su casa. Llénela de periódicos, revistas, panfletos y libros de carátula blanda adquiridos en una librería o en una venta privada de baratillas en alguna casa. Una biblioteca en casa aumenta con mucho la magia de los libros.

7. Acostúmbrese a leer delante de su hijo. Demuéstrele que la lectura forma una parte importante de su vida. Sea un ejemplo para que su hijo pueda emularlo. Demuestre una gran voracidad por la palabra impresa, que le quede claro a su hijo que usted recibe un gran placer de la lectura.

8. Léale a su hijo. Esto no sólo acerca a padres e hijos sino que acrecienta el entusiamo del niño por el mundo de los libros. Comience a leerle a su hijo desde que es un bebé.

9. Cuando le lea a su hijo pronuncie las palabras despacio, sea dramático y expresivo, alce la voz, demuestre emociones y exagere. Al leerle a niños mayores tiene la oportunidad de señalarle las letras, las sílabas, las palabras y las ilustraciones. Después de leer, hable de estas cosas con su hijo, apelando a su curiosidad natural.

10. Lleve a su hijo a la biblioteca tan pronto como éste tenga edad para sacar una tarjeta y asegúrese de que usted tiene una también. Saque libros para usted y permítale a su hijo que seleccione sus propios libros. Recuerde: sirva de ejemplo.

    Muchas bibliotecas tienen salones con venta de libros que son donados y vendidos a precios excepcionalmente bajos. Se puede comprar unos cuantos libros por uno o dos dólares. Averigüe el día y la hora en que el salón de venta de libros usados se abre en su barrio. Revise la colección con su hijo y permítale escoger los libros que le gustaría leer.

11. Ayude a su hijo a hacer un doile donde pueda leer y comer a la vez. Escriba en el doile en letra de molde un mensaje inspirativo y entusiasta sobre la importancia de la lectura. Ayude a su hijo a inventar el letrero. Este doile será un recuerdo constante para su hijo de la importancia de la lectura.

12. Hable con su hijo sobre lo que él lee. Todos los niños encuentran más divertida la actividad de leer si pueden compartir lo que leen con otros. Hablar sobre lo que leen aumenta su comprensión.

¿Sabe usted lo que lee su hijo y el tipo de material que prefiere leer. Escriba la respuesta a estas preguntas en el cuadro siguiente:

ACTIVIDADES DE VOCABULARIO PARA PADRES E HIJOS

Haga los siguientes ejercicios con su hijo a lo largo de 2 o 3 meses. Inste a su hijo a buscar las palabras requeridas. Se puede hacer un mural o afiche grande para estas palabras y colgarlo en el cuarto del niño. Déle un premio o concédale un privilegio especial a su hijo al completar estos ejercicios de palabras. De vez en cuando substituya algunas de las palabras por otras para retar a su hijo.

Ejercicios de vocabulario

1. Busca palabras que rimen con las siguientes (se dan en español e inglés):

dólar (dollar)	moneda (de diez, dime)	refrescante (cool)	bote (boat)	impuesto (tax)	bañadera (tub)

2. Agrupa palabras en las categorías siguientes (se dan en español e inglés):

planetas (planets)	vegetales (vegetables)	ciudades (cities)	flores (flowers)	colores (colors)	deportes (sports)	animales (animals)

3. Busca palabras que contengan el número de letras indicado:

palabras de 2 letras	de 3 letras	de 4 letras	de 5 letras	de 6 letras	de 7 letras

Recuerden padres:
Demuestren su amor por la lectura trabajando con sus hijos para que sean mejores lectores.

PALABRAS FINALES

Felicitaciones. Ha usted llegado al final de un largo viaje. A lo largo del mismo lo hemos armado con destrezas necesarias para mejorar el rendimiento académico de su hijo. El viaje lo llevó por dos caminos. Uno de ellos conduce a desarrollar hábitos de estudio más sólidos en su hijo. El segundo señala la manera de revitalizar la familia acercando a padres e hijos.

Nunca antes había habido tanta preocupación como hoy sobre los niños y la familia. Numerosos estudios conducidos por el gobierno y grupos para la defensa de intereses han despertado el interés por la suerte de los niños americanos. Estos esfuerzos han devenido en una abundancia de programas dedicados a salvara la familia americana. A pesar de las buenas intenciones, esta institución continúa decayendo.

Según un estudio conducido en 1994 por la Universidad de Maryland, los padres de hoy sólo pasan 17 horas a la semana con sus hijos, un 40% menos que en 1965. En 1995 la encuesta Gallup (Gallup Poll) arrojó que casi la mitad de los padres piensan que pasan muy poco tiempo con sus hijos. Menos de un tercio de los participantes en la encuesta comen juntos regularmente. Estos estudios son citados en el libro de 1996, *Family Time: What Parents Want (Tiempo con la familia: Lo que desean los padres)*, publicado por Family Research Council en Washinton, DC. (Consejo de investigación de la familia). La tendencia de la que hablan los estudios demuestra que los niños están dejando de tener importancia para sus padres a pasos gigantescos.

Además de esto, en todas partes los maestros se sienten frustrados por tener que enseñarles a niños que se resisten a aprender. Su frustración es semejante a la que siente un doctor cuando un paciente se niega a tomar la medicina que le ha de salvar la vida.

El siguiente es el lamento de una maestra. Esta maestra se siente decepcionada al ver la incapacidad de los niños para manejar las tareas más sencillas en kindergarten:

> He observado a niños que llegan al kindergarten ya sea con un mínimo de destrezas académicas y de comportamiento o con ninguno. Muchos no pueden prestar atención mi seguir las reglas. Algunos niños jamás han tenido en sus manos un creyón de dibujar, unas tijeras o un pincel para pintar. Algunos niños usan las dos manos para escribir, colorear o calcar. Estos niños nunca se acostumbran al uso de una sola mano para escribir y esto los confunde. Otros niños agarran un lápiz o creyón de colorear como si éstos fueran una lata de refresco. Los niños tampoco tienen sentido de las relaciones espaciales. He visto a niños agarrar con las dos manos unas tijeras regulares como si fueran las de cortar arbustos. Aún más, los niños tienen un nivel deficiente en cuanto al lenguaje, la discriminación visual, la memoria visual y las habilidades sociales. Los niños no entienden lo que quieren decir las palabras.

La observación de la maestra as afín a los resultados de muchos estudios nacionales. En el reporte *Ready to Learn: A Mandate for the Nation (Listo para Aprender: Un Imperativo para la Nación)*, publicado por Carnegie Foundation for the Advancement of Teaching (Fundación Carnegie para el mejoramiento de la enseñanza), Ernest L. Boyer habla de una encuesta de 7.000 maestros de kindergarten. Estos maestros piensan que un 35% de niños entran a la escuela sin estar preparados para hacer la labor escolar. De acuerdo a lo que dicen muchos maestros de kindergarten, esta falta de preparación se pone cada vez peor. Algunos comentarios típicos de los maestros son que los niños no saben el nombre de los colores, que no pueden identificar su domicilio ni recitar su nombre y apellido completo.

Ante esta situación tan deprimente se tiende a buscar un culpable, pero señalar al culpable con el dedo no resuelve el problema del pobre aprendizaje de los estudiantes. Tampoco son de utilidad las promesas y las buenas intenciones. Lo que resolverá el problema es la acción por parte de los padres. Este ha sido el mensaje a lo largo de este manual.

Los estudios han arrojado que un niño en edad prescolar o en kindergarten posee un contagioso entusiamo por aprender. Siente entusiamo por la vida y por la escuela. Pero mientras más crecen los niños, más se va perdiendo su tesón. Lo más perturbador es que no hacen el trabajo en clase según su potencial. El bajón en el interés por la escuela se debe a varios factores: maestros poco entusiastas, presión de los amigos y compañeros, un material irrelevante o aburrido, pobreza de recursos y familias que no los apoyan.

Los padres son responsables de asegurar que los niños no pierdan su gusto por el aprendizaje. Si los niños tienen hábitos de estudio sólidos, lo más probable es que no perderán su entusiamo. Sylvia Rimm identifica 12 reglas para el logro académico del estudiante en su libro de 1996, *Why Bright Kids Get Poor Grades: And What You can Do About It (¿Por qué Sacan Malas Notas los Niños Inteligentes?: Lo Que se Puede Hacer al Respecto)*. La regla más imperativa es la siguiente: Cuando los padres se convierten en modelos de conducta eficaces serán imitados por sus hijos. El logro del estudiante depende del logro de los padres y particularmente de la actitud que ellos tengan hacia el logro.

Se les hace un llamado a los padres para que ayuden a las escuelas a mejorar el aprendizaje de los niños americanos. Esta es la gran búsqueda de la educación. Cualquier plan de reforma escolar o de mejoramiento del aprendizaje del niño carece de sentido sin la participación de los padres. No lo dude: la casa es el centro de mando para el aprendizaje del niño. Las iniciativas de los padres pueden promover buenos hábitos de estudio. Si se les pidiera a los niños que votaran por la persona que puede ayudarlo a mejorar en la escuela, éstos votarían por su mamá o su papá.

PASS hace hincapié en este tema: Los padres pueden hacer que las cosas sean diferentes. Los padres necesitan ser un modelo para sus hijos, ya que los niños suelen imitarlos. El modelo debe ser uno que muestre el amor por el aprendizaje, el valor de una buena educación y la destreza en el estudio. Sobre todo, PASS exhorta a los padres a que estén disponibles para los niños mientras hacen la tarea escolar y que los ayuden a ejercitar la mente. Una empresaria de cosméticos, Mary Kay Ash, nos recuerda lo siguiente: "Su hijo no pregunta sobre su habilidad o su incapacidad. El niño pregunta sólamente sobre la disponibilidad de los padres." La fórmula para mejorar el aprendizaje de su hijo es sencilla: Pase tiempo con su hijo.

Aprender resulta difícil para muchos niños y también para muchos padres. Aprender requiere disciplina y práctica de los hijos y los padres. PASS muestra que los padres pueden darle a sus hijos la delantera en la escuela si colaboran con ellos en casa para formar buenos hábitos de estudio.

Esta acción va de acuerdo con la propuesta por Carnegie Foundation. La fundación recomendó un acercamiento de siete pasos para el mejoramiento de la educación futura de millones de niños en los Estados Unidos. Uno de estos pasos comprende la implementación de una campaña gigantesca para la educación de los padres compuesta de programas para padres en todos los estados para que los padres puedan aprender a preparar a sus hijos para la escuela primaria.

Todos los padres deben unirse a esta campaña, particularmente aquéllos con hijos más grandes. Aunque muchos niños reciben una preparación escolar temprana a través de programas de intervención como Head Start y otros tipos de intentos para beneficio de niños en edad prescolar, las investigaciones recientes demuestran que sus beneficios son de corto plazo y no duran. Estos programas no son suficientes para que los niños sobrevivan los rigores de la educación más avanzada. Es necesario una ayuda continua. Los programas para prescolar tienen que combinarse con otros programas para evitar la pérdida de logros académicos tempranos.

Los padres son la clave para darle a los niños esta ayuda adicional. Si los padres continúan trabajando con sus hijos en la labor escolar y en el desarrollo de las destrezas de estudio a lo largo de los grados primarios y secundarios, estos niños no perderán las ventajas adquiridas en los años prescolares.

Ser padre o madre es un trabajo arduo y tortuoso. Hay épocas que son difíciles. Atender a las necesidades físicas de un niño requiere de muchos sacrificios. Atender a sus necesidades académicas es un reto aún mayor. Esta es un área en la cual la mayoría de los padres no están entrenados. Las exigencias impuestas a los padres alcanzan una enorme proporción. Se espera que los padres les brinden casa, ropa y sustento a sus hijos. También se espera que aseguren la educación de sus hijos. Sin embargo, el aprendizaje es dificultoso sin buenas destrezas de estudio.

Mejorar las destrezas de estudio de sus hijos está al alcance de cualquier padre. En lo que respecta al rendimiento escolar de sus hijos, los padres no tienen que sentir la impotencia de una hoja a merced del viento. Los padres pueden asumir el control de la educación de sus hijos. Todo lo que necesitan es el deseo de hacerlo y la firme resolución de llevarlo a cabo. Si los padres se vuelven excesivamente perezosos en la supervisión regular del trabajo escolar de su hijo pueden terminar robándoles a sus hijos una educación que es indispensable para una vida productiva.

PASS ofrece muchos consejos a los padres, pero ninguno es tan conmovedor como el ofrecido por una clase de segundo grado en Milwaukee, Wisconsin. Esta clase recita un lema al comienzo de cada día. Este lema puede servir de inspiración a los padres que aman a sus hijos y desean que tengan éxito en la escuela:

Yo sé que puedo hacerlo.

Yo sé que debo hacerlo.

Yo sé que voy a hacerlo.

Lo que suceda depende de mí.

Si los niños son el futuro, los padres son los pinceles que dan color a ese futuro. El escritor Peter Ustinov caracteriza a los padres de otra manera: Los padres son el hueso con el cual los niños se afinan los dientes.

Para labrar el camino hacia una excelente educación los padres tienen que asegurarse de que el hogar es un lugar de aprendizaje. Las escuelas pueden continuar la labor en base a esto. No es una tarea fácil, pero se tiene que hacer. Mientras más tiempo dediquen los padres al aprendizaje de sus hijos en casa, mayor provecho sacarán sus hijos de la escuela.

El aprendizaje fructifica cuando los padres hacen cosas por sus hijos e invierten tiempo en su aprendizaje diariamente. No se necesita un nuevo estudio para demostrarles lo que se tiene que hacer para ayudar a los niños cuyo rendimiento escolar es de bajo nivel. La casa debe funcionar como una máquina de aprendizaje y los padres deben ser la gasolina que la pone en marcha. Haga que la próxima década sea "La década de los padres en la educación en los Estados Unidos." Actúe ahora mismo para lograrlo.

Lo que se necesita para vitalizar la educación de los niños en los Estados Unidos es una corriente eléctrica que apasione a todos por esta tarea. Para que verdaderamente surja un cambio, los padres deben volverse "locos" por sus hijos, como sugiere el doctor Urie Bronfenbrenner, un prominente psicólogo para niños. Nada que no sea esta locura surtirá efecto.

Los educadores hoy en día generalmente aluden a tres problemas que tienen los niños en la escuela: la falta de valores, la falta de disciplina y la carencia de metas u objetivos. Se debe añadir otro problema a la lista: la falta de buenos hábitos de estudio. Los padres tienen la capacidad de solucionar todos ellos. Este manual les ha brindado la oportunidad de concentrarse en el cuarto problema: los buenos hábitos de estudio.

Si usted le hace ver a su hijo que espera de él un mejor trabajo en la escuela, pronto verá los resultados. Conviértase en misionero para el mejoramiento de los hábitos de estudio de su hijo. ¡Comience ahora mismo! ¡Hágalo! Recuerde que las palabras no van a lograr un cambio pero la acción sí lo hará. No se dé por vencido. Guíese por el siguiente lema: "Un triunfador nunca se da por vencido; quien se da por vencido nunca triunfa." Mejorar las destrezas de estudio de su hijo es la mejor manera de asegurarse que será un triunfador. No deje de hacerlo y persevere. Escuche las palabras sabias de Helen Keller: "Se puede hacer casi todo lo que se quiere si se persevera lo suficiente."

En 1998, en su libro *The Discipline of Hope: Learning from a Lifetime of Teaching* (*La Disciplina de la Esperanza: Aprender de Haber Enseñado Toda una Vida*), Herbert Kohl insiste en que cualquier niño tiene la capacidad para aprender. Su "disciplina de la esperanza" significa que no existe ningún límite al potencial de un niño de ser alguien en la vida. La educación es una escalera que guía al niño a ser alguien en la vida. Los padres deben ser los principales guías y dirigentes del ascenso de sus hijos.

Saque energía del siguiente poema de un escritor desconocido. El poema describe la forma en que la colaboración entre padres y maestros puede despertar el potencial de cualquier niño para aprender.

Soñé que en un estudio
Veía a dos escultores
La arcilla que moldeaban
Era la mente de un niño muy joven.

Uno era un maestro; los libros, la música y el arte
Eran sus herrramientas.
El otro era un padre que de la mano guiaba
Al niño con un corazón amante.

Día tras día el maestro se afanaba
Con un toque diestro y seguro.
A su lado el padre laborando
Daba lustre y afinaba.

Y cuando su obra estuvo lista
Se enorgullecieron con el resultado.
Aquello que habían moldeado en el niño
No se podía vender ni tampoco ser comprado.

Y acordaron que habrían fallado
A no ser por ambos colaborar.
Apoyando al padre, la escuela
Y al maestro, el hogar.

EVALUACION

Una evaluación es un ejercicio empleado para emitir un juicio sobre el valor de algo. Su opinión es importante. Esta opinión le permite determinar el valor instructivo de sus experiencias.

Por favor conteste las siguientes preguntas lo mejor que pueda. La primera parte trata de información personal y la segunda es sobre este manual. Haga lo mejor que pueda al contestar cada pregunta. Como se menciona al comienzo de este manual, se puede registrar e interpretar las respuestas en una sesión de repaso con otros padres. Es decir, los padres pueden juntarse y compartir sus ideas y discutir las preguntas una a una. Pueden determinar lo que significan las respuestas para el grupo. Los padres también pueden llenar la evaluación individualmente para sopesar la utilidad del libro.

PARTE 1

1. Yo soy ___Mujer ___Hombre

2. Tengo ___19 años o menos ___de 20 a 30 años ___de 40 a 50 años ___50 años o más

3. Marque todas las escuelas a las que asisten sus hijos (se puede marcar más de una respuesta)

   ___guardería ___escuela primaria ___escuela intermedia/pre-secundaria ___secundaria

4. Vivo en ___la ciudad ___los suburbios ___un área rural

5. Soy ___un padre soltero ___casado
   ___una madre soltera ___casada

6. ¿Cuántos niños viven con usted? _____

PARTE 2

1. ¿Es fácil de leer el material de este libro?

   ___Sí ___No ___Indeciso

2. ¿Están los capítulos (módulos) organizados en una forma fácil de seguir?

   ___Sí ___No ___Indeciso

3. ¿Cuál de los temas siguientes fue de mayor utilidad para usted? Marque sólo uno.

___Actitud de los padres
___Destrezas para escuchar debidamente
___El manejo del tiempo
___Las computadoras
___Los exámenes
___Destrezas de pensamiento
___Acondicionamiento del ambiente en la casa
___La concentración
___La tarea
___Métodos para tomar notas
___El mejoramiento de la memoria
___La lectura

4. ¿Cuál de los temas anteriores fue de menos utilidad?

____

5. ¿Cuál de los temas fue el más fácil de estudiar?

____

6. ¿Cuál de los temas fue el más difícil de estudiar?

____

7. ¿Qué actividad de entre todas las presentadas en el manual le gustó más a su hijo? ¿Cuál le gustó menos?

la que más le gustó ____

la que menos le gustó ____

8. ¿Qué actividad de entre todas las presentadas en el manual le gustó más a usted? ¿Cuál le gustó menos?

la que más le gustó ____

la que menos le gustó ____

9. Estudiar este manual hizo que hablar con sus hijos fuera

___más fácil ___más difícil ___igual, sin ningún cambio

10. ¿Qué fue más eficaz o productivo para usted?

___ trabajar solo ___trabajar con otras personas

11. ¿Cuáles de las sugerencias en este manual ha implementado éxitosamente en casa para reforzar los hábitos de estudio de su hijo? Enumérelas abajo.

____

____

12. ¿Cuáles son las destrezas de estudio en las que su hijo necesita más ayuda? Marque todas las que sean necesarias.

___Hacer la tarea
___Concentrarse
___Usar una computadora
___Tomar exámenes
___Analizar y pensar
___Escribir
___Escuchar
___Manejar el tiempo
___Prepararse para los exámenes
___Memorizar
___Leer
___Deletrear (ortografía)

13. ¿Fue útil como introducción la sección de "Guía de estudio" antes de cada capítulo (módulo) al ofrecer un vistazo global con las categorías de "Enfoque, Propósito, Destreza y Reflexión"?

___Sí ___No ___No sé

14. ¿Le trajo a la memoria su época de estudiante el repaso de los cinco tópicos principales de las destrezas de estudio?

___Sí ___No ___No me acuerdo

15. ¿Lo ayudaron a usted sus padres a adquirir los hábitos de estudio que se discuten en este manual cuando era estudiante?

___Sí ___No ___No me acuerdo

16. ¿Habría usted salido mejor en la escuela de haber adquirido los hábitos de estudio que se discuten en este manual?

___Sí ___No ___No sé

17. Después de haber completado este manual, ¿se siente usted más capacitado para ayudar a su hijo a reforzar sus destrezas de estudio?

___Sí ___No ___No sé

18. Después de haber completado el estudio de este manual, ¿piensa que usted ha ayudado a otros padres a desempeñar una mejor labor en la enseñanza de las destrezas de estudio a sus hijos?

___Sí ___No ___No sé

19. ¿Cuál cree usted que es el aspecto **más eficaz** de este manual?

____

____

20. ¿Cuál cree usted que es el aspecto **menos eficaz** de este manual?

____

____

21. ¿Qué haría usted para mejorar este manual?

____

____

22. En pocas palabras, exprese lo que siente usted al haber completado este manual y, en un sentido, haberse "graduado" del programa.

____

____

ACERCA DEL AUTOR

John R. Ban es profesor emérito en educación y fue coordinador de los programas administrativos en la Universidad Noroeste de Gary, Indiana. Siempre activo en las áreas de interés cívico, John R. Ban ha sido presidente de consejos escolares, jefe de una comisión de policía metropolitana y miembro de innumerables comités de la comunidad. Ha sido maestro en las escuelas públicas y administrador en la universidad.

El doctor Ban es autor de varios libros y numerosos artículos de revistas sobre la educación pública. Ha trabajado extensamente con maestros, estudiantes y padres y ha participado en el establecimiento de talleres para padres en las prisiones y de programas sobre violencia doméstica para padres en las ciudades. El doctor Ban es casado y tiene cuatro hijos.

Obtenga el mayor provecho de lo invertido en su desarrollo profesional

Permita que *Solution Tree* (antes llamado *National Educational Service*) establezca un horario para que usted y su personal de trabajo se reúnan con los principales practicantes en las siguientes áreas:

- **Professional Learning Communities (Comunidades profesionales de aprendizaje)** con Richard DuFour, Robert Eaker, Rebecca Dufour y asociados
- **Effective Schools (Escuelas eficaces)** con los asociados de Larry Lezotte
- **Assessment for Learning (Valoración para el aprendizaje)** con Rick Stiggins y asociados
- **Crisis Management (Manejo de crisis y respuesta)** con Cheri Lovre
- **Classroom Management (Manejo del salón de clases)** con Lee Canter y asociados
- **Discipline With Dignity (Disciplina con dignidad)** con Richard Curwin y Allen Mendler
- **PASSport (Pasaporte) al éxito** (participación de los padres) con Vickie Burt
- **Peacemakers (Árbitros de la paz)** (prevención de violencia) con Jeremy Shapiro

Hay presentaciones adicionales disponibles en las siguientes áreas:

- Cuestiones sobre jóvenes en riesgo
- Prevención de la intimidación/ Burlas y acosos
- Formación de equipos y equipos colaboradores
- Recopilación de datos y análisis
- Aceptación de la diversidad
- Desarrollo de la alfabetización
- Técnicas para motivar a personal de trabajo y a estudiantes

¿NECESITA COPIAS ADICIONALES DE ESTE LIBRO U OTROS RECURSOS SOBRE ESTE TEMA?

¿Necesita más copias de este libro? ¿Necesita recursos adicionales sobre este tema? Si es así, puede hacer un pedido de otros materiales llenando este formulario o llamando gratis al teléfono (800) 733-6786, o al (812) 336-7700. También puede hacer pedidos por FAX al (812) 336-7790, o por nuestro sitio en el Internet: www.solution-tree.com.

Título	Precio*	Cantidad	Total
Padres Aseguran que Sus Hijos Sean Estudiante Exitosos	$24.95		
Parents Assuring Student Success	24.95		
Motivating Students Who Don't Care	9.95		
Teasing & Harassment	9.95		
Teaching Our Children to Think	24.95		
National Standards for Parent/Family Involvement Programs	4.00		
Building Successful Partnerships: A Guide for Developing Parent and Family Involvement Programs	18.95		
Reclaiming Youth at Risk	23.95		
Reclaiming Our Prodigal Sons and Daughters	18.95		
SUBTOTAL			
ENVÍO Estados Unidos continental: Por favor, añada un 6% al total. Fuera de los Estados Unidos continental: Por favor, añada un 8% al total.			
PROCESAMIENTO Estados Unidos continental: Por favor, añada $4. Fuera de Estados Unidos continental: Por favor, añada $6.			
TOTAL (fondos de Estados Unidos)			

* Los precios están sujetos a cambios sin previo aviso.

❏ Cheque incluido ❏ Pedido incluido ❏ Giro postal

❏ VISA, MasterCard, Discover, American Express (indique una)

Número de la tarjeta de crédito________________ Fecha de vencimiento__________

Firma del titular de la tarjeta de crédito________________

ENVÍE EL PEDIDO A:

Nombre____________ Apellido____________

Posición____________

Institución____________

Dirección____________

Ciudad____________ Estado______ Código postal________

Teléfono____________ FAX____________

Correo electrónico____________

Solution Tree

Solution Tree (antes llamado National Educational Service)
304 West Kirkwood Avenue
Bloomington, IN 47404
(812) 336-7700 • (800) 733-6786 (libre de recargos) • FAX (812) 336-7790
correo electrónico: orders@solution-tree.com • www.solution-tree.com